ぼくの道具

石川直樹

まえがき

生きていくうえで、身の回りの道具は少なければ少ないほうがいい。旅をするうえで、身に着ける装備も少なければ少ないほうがいい。本当に必要な道具について考えていくと、見かけだけよくても役に立たないものや、あると便利だけどなくても大丈夫なものが何なのかもわかってくる。それらをすべて削ぎ落とせばいいというわけではない。旅に出ると、そうした道具の本当の役割を知って、どういうときに何を使えばいいか、何を信頼していいのかがわかってくる。本書は、今までのそうした旅の経験を踏まえたぼくの個人的な道具論である。

『全ての装備を知恵に置き換えること』という題名の本を、

以前出した。全ての装備を知恵に置き換えて、素手で、裸足で、丸腰で生きていけたらいい、と今でも思っている。でも、人間は裸では生きていけない。街に暮らしていると、寒ければ暖房をつけ、暑ければ冷房をつける。気温に合わせてセーターを着たり、Tシャツを着たりする。ぼくたちはいつしか自分自身を変化させることをあきらめて、自分の外側を変えて生き抜くという術を身に付けた。

しかし、ヒマラヤなどの極地を旅していると、自分の外側を変えることなどできないのだ、という現実にぶちあたる。寒くても暖房はない。その標高に順応していなければ、血の巡りが悪くなって分厚いダウンジャケットを着ていても凍える。電気がないために、普段は当たり前のように使っている様々な電子機器は用をなさない。

だから、ぼくは寒さに強い身体を作り、高所順応によって、薄い空気の中でも動けるようにコンディションを整える。通信が一切途絶えても、本来はそれが当たり前なんだ、と気構える。大切なのは、道具に頼らず、まずは自分自身をその環境に適応させていく努力をすることだ。

例えば、酸素ボンベを使うとどんな高い山にも登れると思ったら大間違いである。きちんと身体を順応させ、薄い空気のなかでもある程度自由に動けるようになってはじめて補助的な役割で酸素ボンベを使用する。道具に頼る割合が多ければ多いほど、死へのリスクは高まっていく。

かつて、グリーンランドで犬ぞりの猟に同行した際、ぼくは猟師の男に尋ねた。「スノーモービルがあるのに、なぜ犬ぞりを使うんですか?」。男は言った。「スノーモービルは壊れたらおしまいだろ。犬ぞりのほうが信頼できる」。文明が劣っているから犬ぞりを使うのではなく、彼らは犬ぞりという手段を積極的に選んで使っていた。それは経験から導き出された彼らなりの信念なのだ。

またミクロネシアでは、星の運行や自然現象によって自分がいる位置や進むべき方角を見定める伝統航海術が発達している。海図やコンパスやＧＰＳの存在を知りつつも、彼らはそれに頼ることをよしとしない。そうした道具がなくなっても、彼らはパニックにならずにどうにか海を渡り切るだろう。それは伝統航海術という渡海の技を体の奥底に持っているからだ。

その土地の環境に合わせて自分を変化させる勇気を持ち、生きるための知恵を身に付けようと努力したうえで、さらに適材適所の道具を身に着けることは、決して難しいことではない。そうすることによって、逆に体は軽くなり、どこにでも自由に羽ばたけるようになる。見知らぬ場所に向かって一歩を踏み出すための、わずかな助けにでもなれたら嬉しい。そんな気持ちで、これから自分自身が助けられた道具について記していこう。

目次

この本では著者によるK2長期遠征（2015年夏）の際に使用した道具を中心に掲載しています。

装備

山での装備とは

年季の入った道具は、味があってかっこいい。こだわりも感じられるし、愛着もわく。何より、自分にとってはそれだけ使いやすく、体になじんでいるということだろう。ぼく自身、20年近く使用しているバックパックや、ソールを張り替えて使い続けている靴を持っている。が、山の道具全般に関していえば、本当は新しければ新しいほうがいい。ゴアテックスのジャケットも日進月歩で機能を高めているし、昔は盛んに高所で使われたプラブーツなど今は過去の遺物に過ぎない。最新のバックパックは軽く使いやすくなっており、下着などに使われる化繊もだいぶ進歩した。

ボロボロになっても、日焼けや洗濯によって色が変色しても、穴が開いても修繕しながらモノを大切に使い続ける。それは素晴らしいことだ。が、新製品に背を向け、古道具をただ愛《め》でていても仕方ない。特に道具の選択が生死を分ける高所登山では、ほとんどの道具は少しでも新しいほうがいい、とぼくは思う。

例えば、靴は、履きならしていない新品をいきなり山に履いていくと、靴擦れやマメができるのでタブーとされている。もちろんトレッキングシューズなどはそうだろうが、高所で用いる三重になった登山靴は靴下を2枚重ねに履いて使ったりするので、新品だろうが中古だろうが、そんなに履き心地は変わらない。逆に履きこむほどに生地が削れて保温力が落ちることもあろう。

道具に対する固定観念は一度捨てたほうがいいと思うのだ。例えば、登山にジーンズは厳禁とされる。コットン製品は乾きにくいので汗などを吸い込んでしまうし、風雨や雪にも弱いからだ。しかし、ジーンズを履くと、街にいるようなリラックスした気分を味わえる。ベースキャンプに至るトレッキングのときから気合を入れすぎても仕方ないので、最初はジーンズを履いて歩き始める外国人のガイドを何人も見かけた。

標高8163メートルのマナスルに登ったとき、最後のサミットプッシュでは皆がダウンスーツを着ていた。ダウンスーツというのはワンピースの繋ぎ状態になっている羽毛の上下のことだ。普通はそのなかにフリースや化繊の下着を着るのだが、エベレストに20回以上登ったベテランシェルパは、ダウンスーツの下に、コットンのパーカーを着ていた。それも、カトマンズの蚤の市で買えるような安物のパーカーである。登山の入門書には必ずやめたほうがいいと書かれるコットン製品だが、彼にとってはそれが一番よかったのだろう。

道具の選択に、ルールなどない。自分の体に合わせて、その場で選びとるしかないのだ。だから、ぼくが選んだ道具が万人に合うとはもちろん思っていないし、日に日に新しい製品が生み出されるわけで、今日のベストが明日のベストになるとは限らない。それを踏まえつつ、今の時点でぼくが選んだ生きるための道具を紹介していこう。

K2、南南東リブルートの第2キャンプにて。

Column

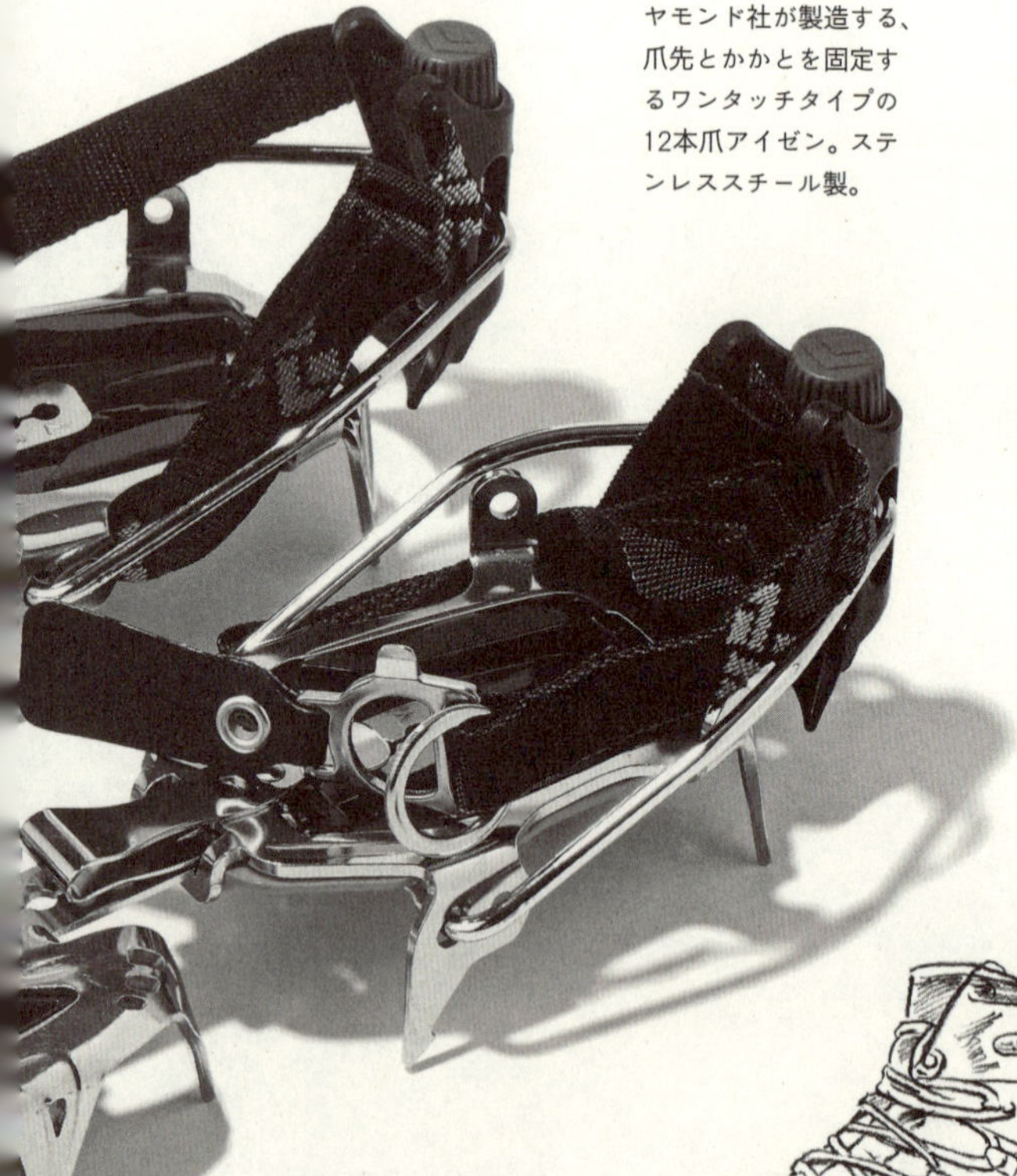

Black Diamond /
セラックプロ

アメリカの登山用品メーカー・ブラックダイヤモンド社が製造する、爪先とかかとを固定するワンタッチタイプの12本爪アイゼン。ステンレススチール製。

予備のアイゼンはグリベルのニューマチックなどを持っていく。こちらはつま先が金属ではないタイプ。どんな靴にも合いやすい。

アイゼン

氷雪上を登るときに、靴底につける滑り止めのための金具で、とても重要な道具。アイゼンはドイツ語由来で、英語の名称はクランポン。用途に応じて爪の数や形が違い、もともとは鋼製のものが多かったが、今は重さの軽いアルミやチタン製も増えてきた。ヒマラヤ遠征には予備を含めて必ず二つ持っていく。

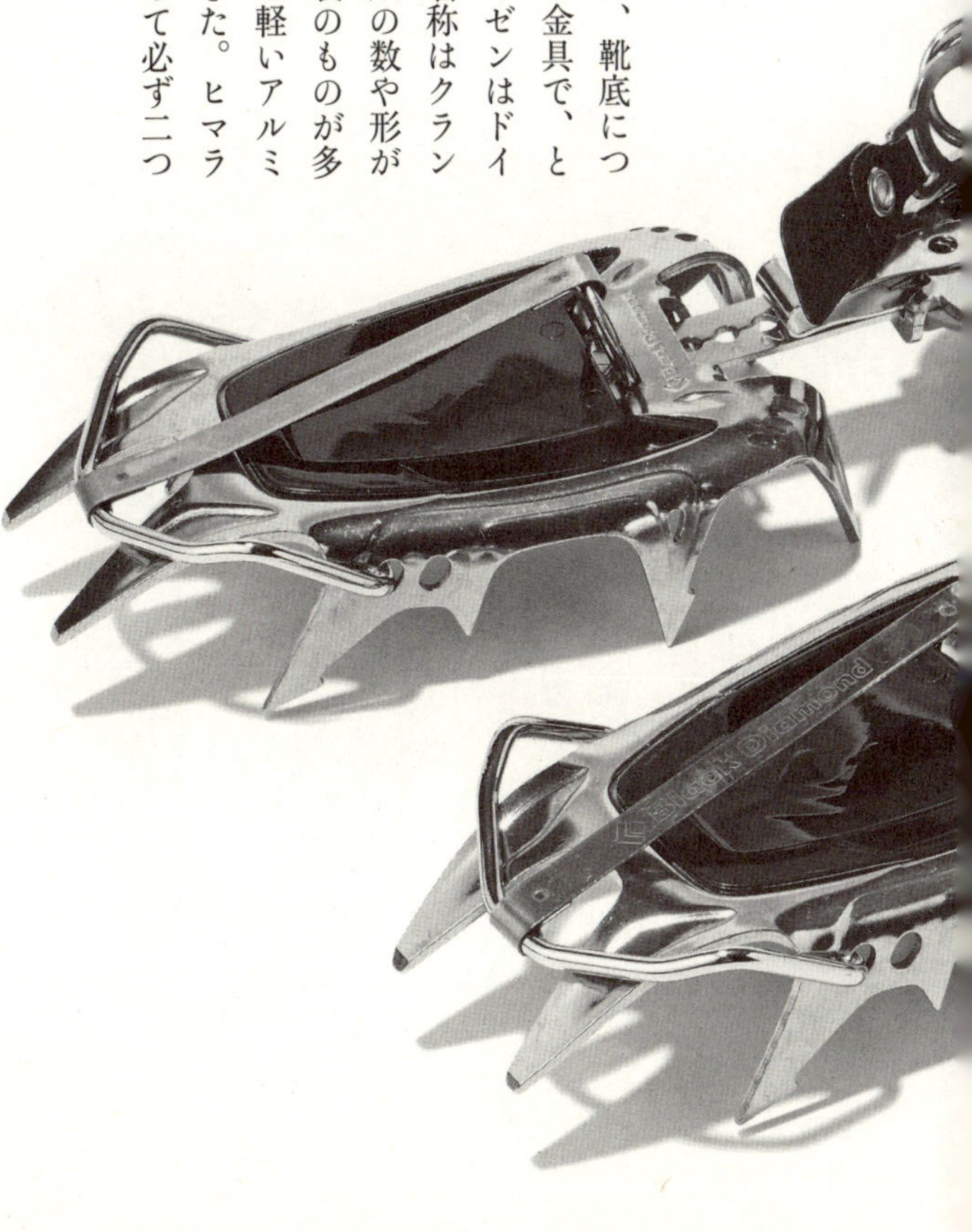

ユマール

フィックスロープ（固定ロープ）を登るための器具で、英語での発音は「ジュマール」のほうが伝わりやすい。アッセンダーでも通じる。ロープに装着すると、上には上がるが、下には下がらない仕組みを持っている。フリークライミングではほとんど使用しないが、エベレストのノーマルルートなど、固定ロープを使用して登るときの必需品。登山者は自分のハーネスに装着したロープとユマールを結び、滑落しないように自らの体を確保しながら登っていく。昔はペツルのものを使っていたが、今はブラックダイヤモンドのユマールを愛用。

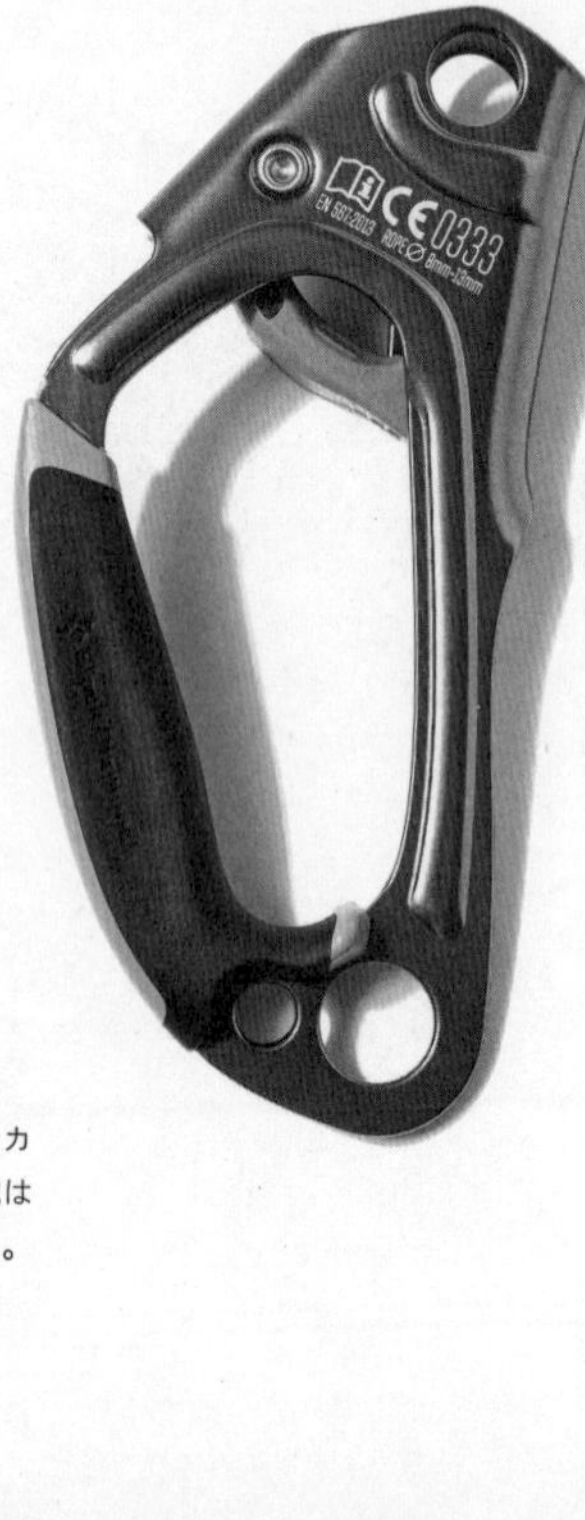

Black Diamond /
インデックス（右利き用）

クリップポイントが大型なのでカラビナもつけやすい。使い心地はスムーズで、扱いやすいと思う。

カラビナ

アイゼンやピッケルなど、ドイツ語の用語が山の専門用語として根付いた例は多いが、カラビナも語源はドイツ語だ。開閉できるゲートがついた金属のリングといえばいいのだろうか。ハーネスに安全環付のカラビナを一つ装着し、あとはワイヤー式のカラビナを主に使っている。

カラビナをハーネスに装着した状態。

一口にカラビナといっても、種類は多彩。左は安全環＝スクリューロックのついたカラビナ。

ストック

ストックはドイツ語の杖が語源（英語ではステッキ）だが、登山に使う伸縮可能な杖はトレッキングポールと呼ぶ。岩場や山道で足と膝への負担を減らすために使っているが、慣れない人は頼りすぎないほうがいいだろう。両手に持ってダブルストック状態で歩く人も多いが、ぼくはいつでもカメラを使えるように片手をあけておきたいのでシングルで使用。折れることがあるため、予備も念のために持参する。

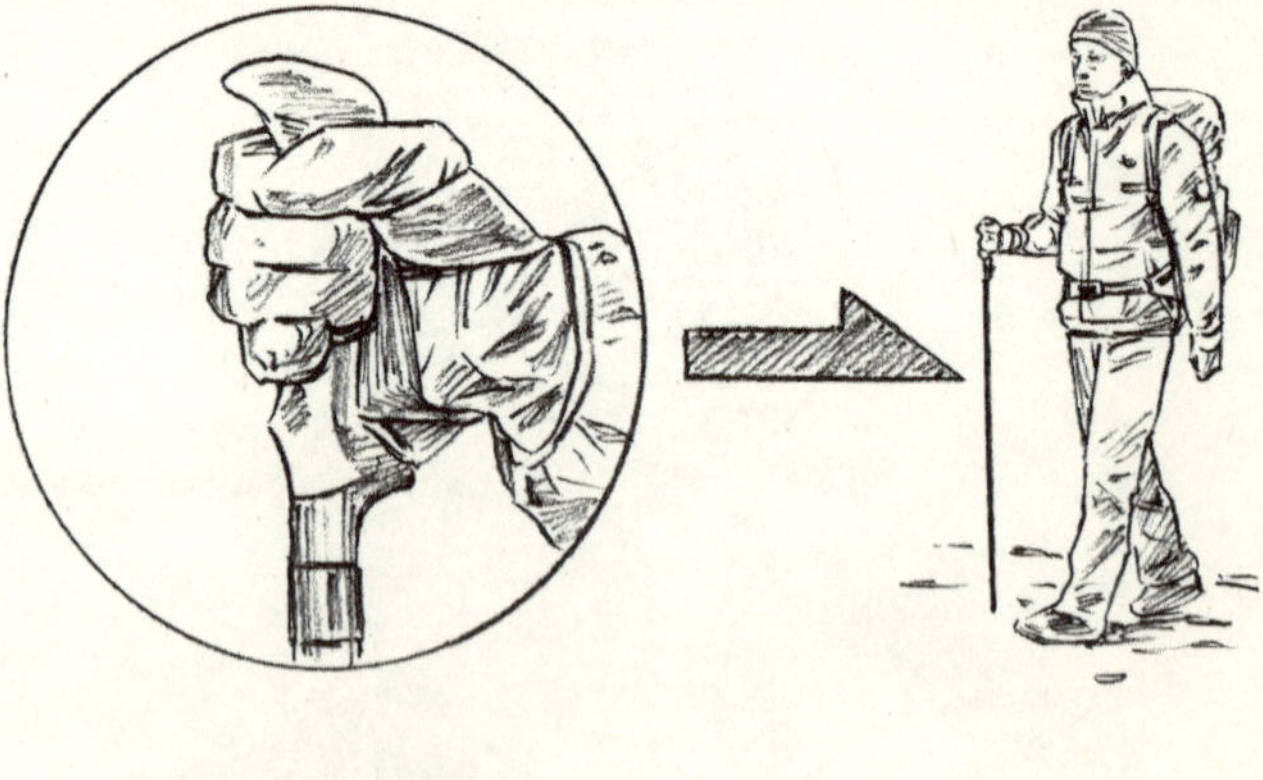

すぐにカメラで撮影できるように、ストックはシングルで使っている。可変式で小さく折り畳むことができるので、そんなにかさばらない。

Black Diamond /
アルパイン
カーボンコルク

濡れても滑りにくいコルクグリップ。収納性の高い3セクションタイプで、カーボン製、軽量。

身に付けた状態。腰と太
ももの両方を固定し、腰
にギア類などを装着する。

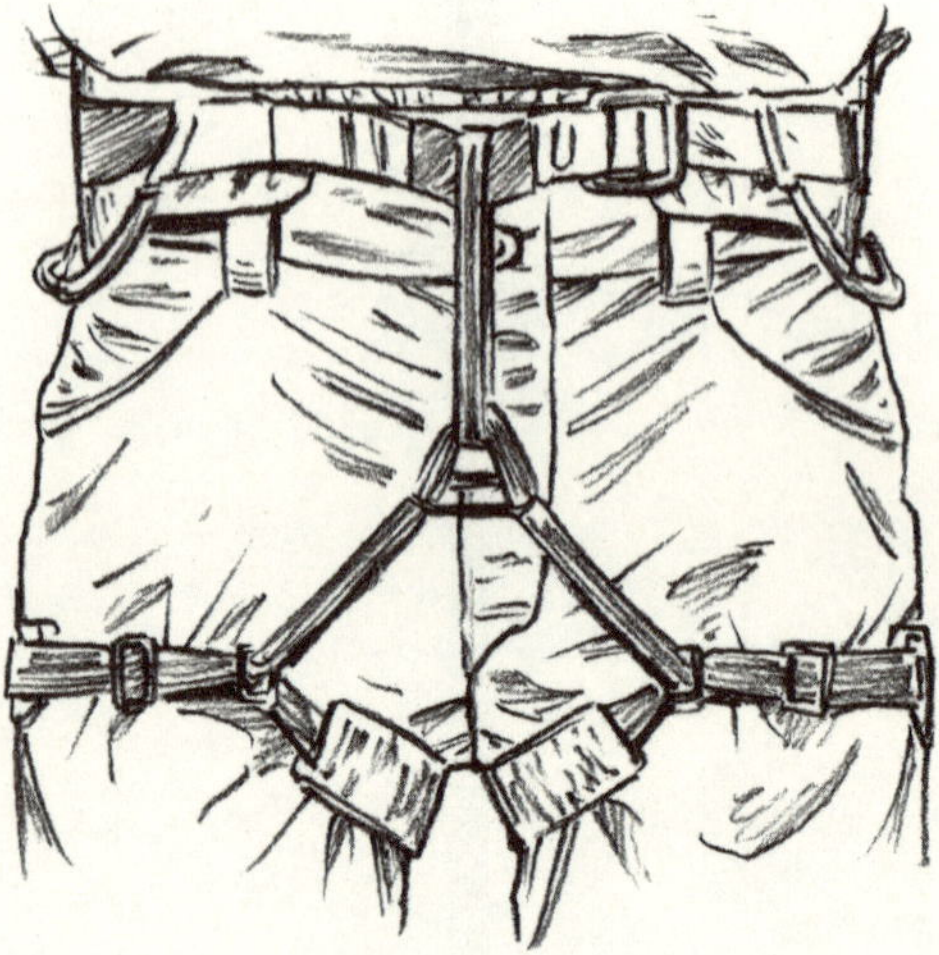

ハーネス

ロープと体を結びつけるために使う。例えば固定ロープと自分自身を繋いで滑落を防いだり、急な壁面を懸垂下降するときなどに使う。ハーネスもドイツ語起源なのかと思いきや、英語の「馬具」という意味からきているらしい。犬の胴体につける道具もハーネスと言いますね。

Black Diamond /
モーメンタム

スポーツからエベレストのような高所まで幅広く対応するベーシックなモデル。

ピッケル

ピッケルは、見ての通り、つるはしのような形をした道具だ。英語でアイスアックスと呼び、ドイツ語起源のピッケルという単語は外国ではほとんど通用しない。雪や氷の斜面での滑落停止や、足場作り、氷壁や雪壁での登攀補助などなど、いろいろな局面で重要な役割を担う。少し前までは杖としても使っていたので長めのものが多かったが、そうした用途を今はストックに譲り、最近は短めのものが主流。

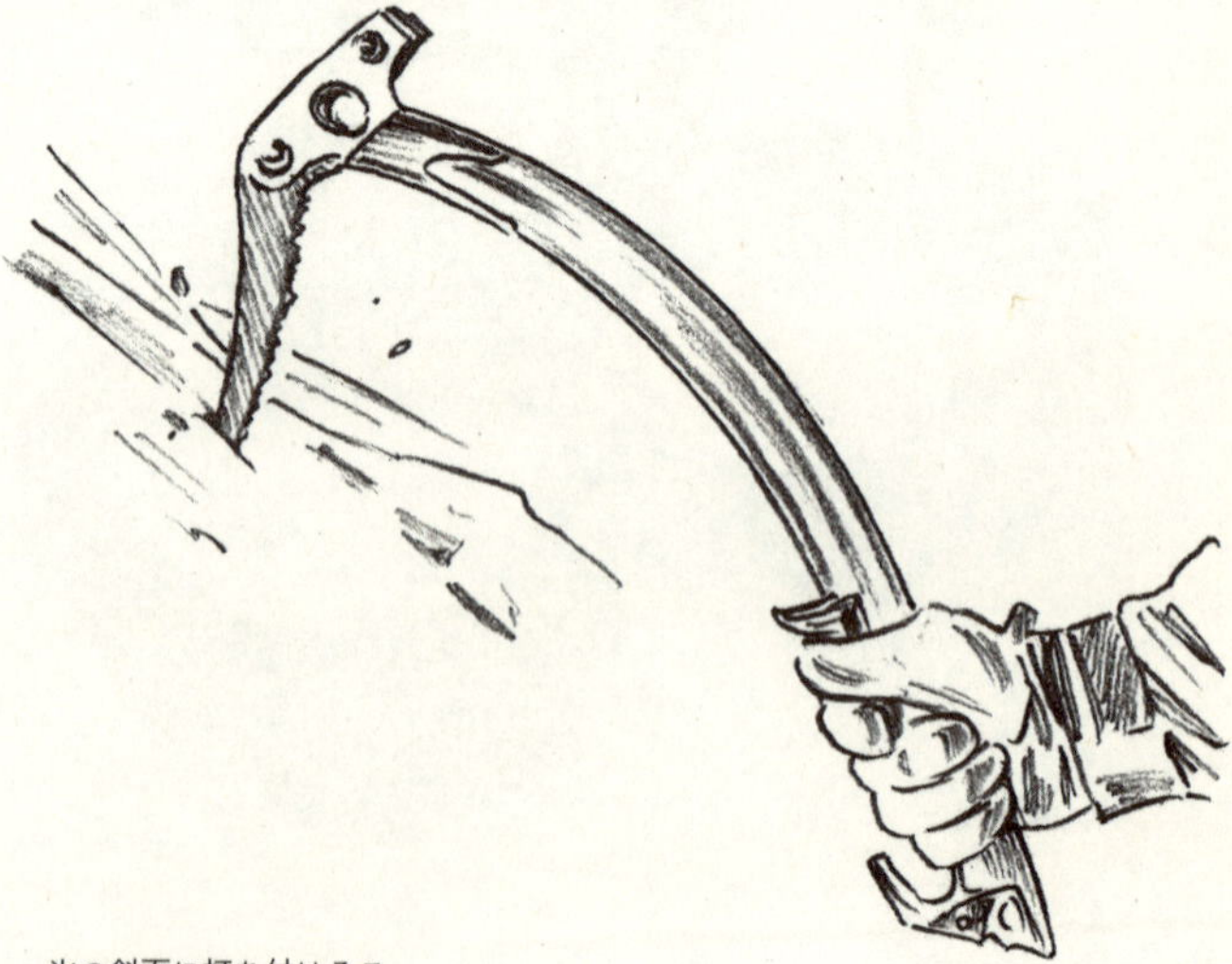

氷の斜面に打ち付けることで、滑落停止や登攀のサポートをしてくれる。

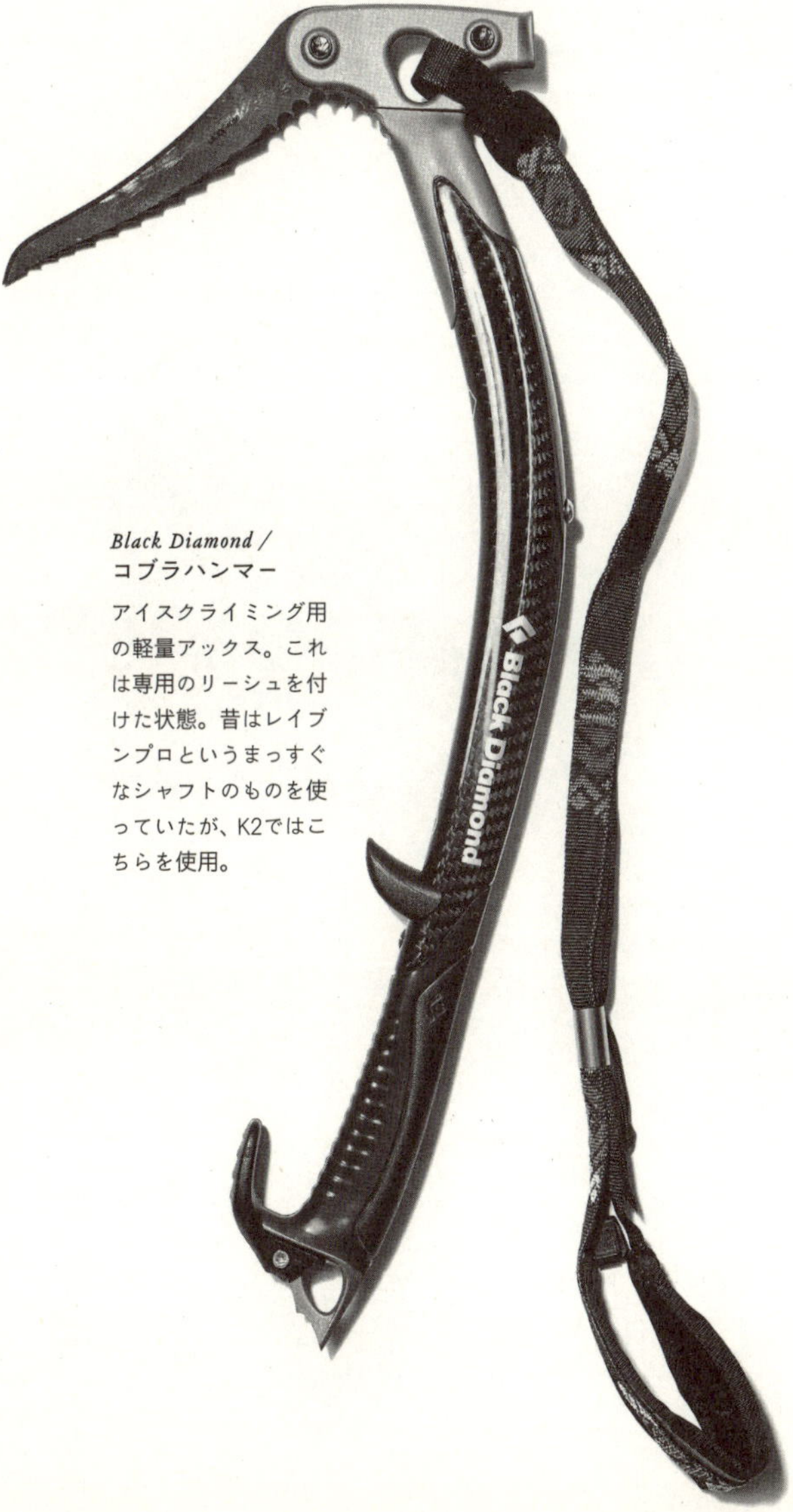

Black Diamond /
コブラハンマー

アイスクライミング用の軽量アックス。これは専用のリーシュを付けた状態。昔はレイブンプロというまっすぐなシャフトのものを使っていたが、K2ではこちらを使用。

Black Diamond / ベクター

軽量のヘルメットで通気性にも優れている。シェル部分とヘッドランプをつけるためのクリップが一体化しているため、ヘッドランプをしっかりと固定できる。

ヘルメットとヘッドランプ

落石などの危険性があるヒマラヤではヘルメットは必須。ぼくはブラックダイヤモンドのベクターを使っている。服と同じで、頭の形に合ったものを選ぶのが一番重要だろう。時には目出し帽をかぶったうえから着用することもあるので、サイズは余裕をもちたい。夜中に登ることも多いヒマラヤ遠征では、ヘルメットの上にヘッドランプを付けるクリップがあるものが便利。

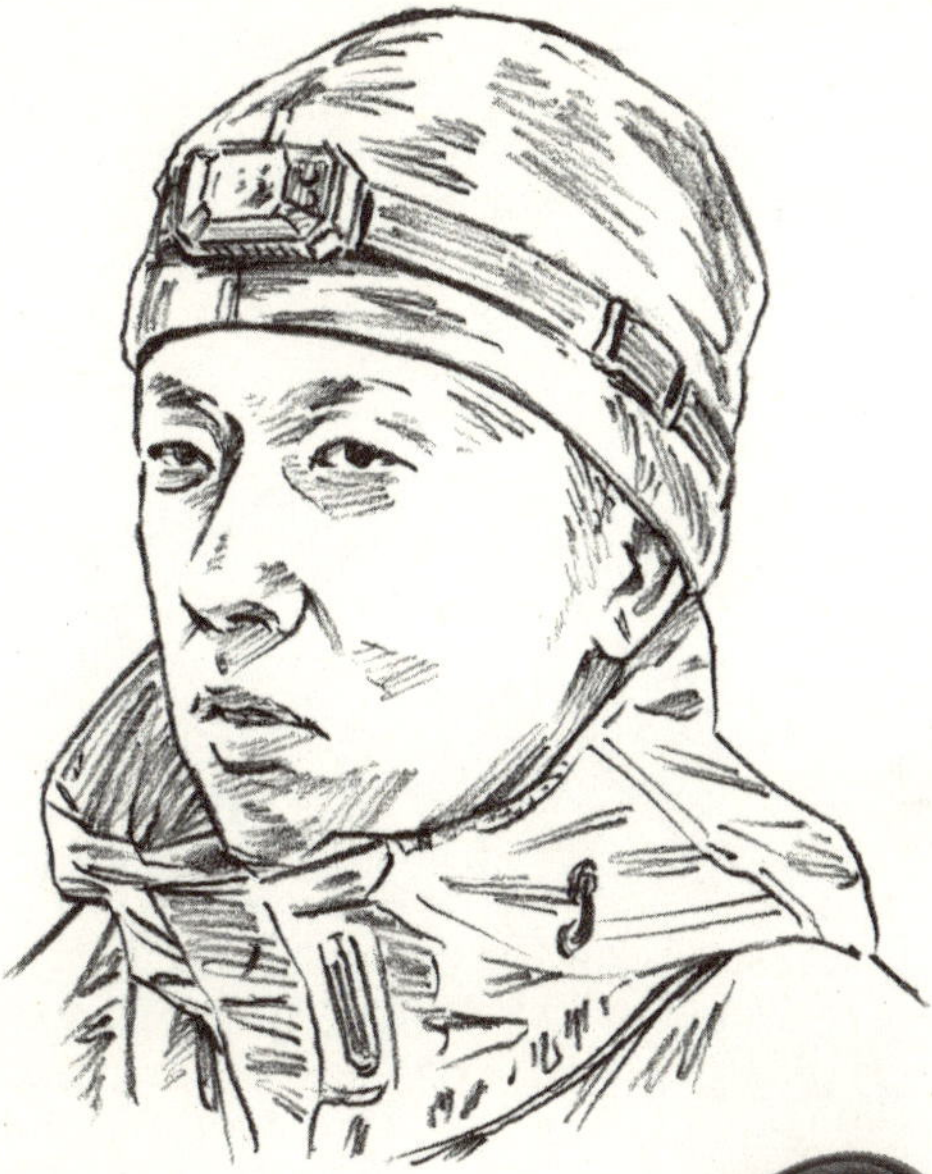

Black Diamond /
アイオン(左)
スポット(右)

共にLEDヘッドランプ。アイオンは最軽量のモデルで、スポットは130ルーメンの高照度を搭載している。

テント生活

テントでの暮らし方

たった畳2畳のスペースで、人間の生活は十分にことたりる。そのことを実感させてくれるのが、テントだ。寝袋、最低限の服、細々《こまごま》とした道具を収納すればたちまちミニマムな居住空間として家の代わりになる。長期のヒマラヤ遠征の場合はベースキャンプまでヤクやロバに運んでもらうが、川の旅だったらカヌーに載せて運ぶし、山の旅だったらバックパックに入れて持っていく。自分にとってテントは「持ち運びのできる家」という感覚である。

ぼくが昔からずっと使っているのは「ゴアライト」という2本のポールを交差させて立ちあがらせるテントで、これは眼をつむっていても建てられる。真っ暗で光がないところでも、手探りで建てられる簡単な構造が良い。

テントの天井には、四隅の輪っかを通して紐を張れるようになっていて、そこに靴下やパンツなど洗濯物を干している。他にもサングラスや腕時計をかけたり、さらにはDVDプレーヤーをひっかけて寝袋に寝ながら眼だけを出して映画を観られるようにもしている。ただしそのDVDプレーヤーはフルで充電しても4時間しかもたないので、映画2本が限界だ。途中で映画が終わって切ない思いをすることも、たまにある。

今回のK2では45日間連続でテント生活をしていた。頂上へ向かう際に使うテントは居心地が悪く負担も多いが、ベースキャンプのテントはマットや毛布を敷いて自分なりの快適な空間を作り上げることができる。だからベースキャンプに戻ってくると、ホッとする。ここにいれば安全だという感覚が、すごくある。

テントの中の配置も、もう決まっている。ぼくは基本的に真ん中に寝袋を、左右のすみに道具や服を置いていく。要は寝っ転がっていても、どちらかの手を伸ばせば、あらゆるものが手でつかめるような状態ということだ。明かりもヘッドランプを天井につけてすぐ点けられるようにしているし、寝ながらにしてなんでもできる。テントは昔から存在する、究極の家なのである。

K2のベースキャンプ。

テント内図解

できるかぎり快適に
過ごせるように作り上げた
ベースキャンプでのテント内部。
長年の経験を経て、
テント内の道具の配置は
このように決定された。

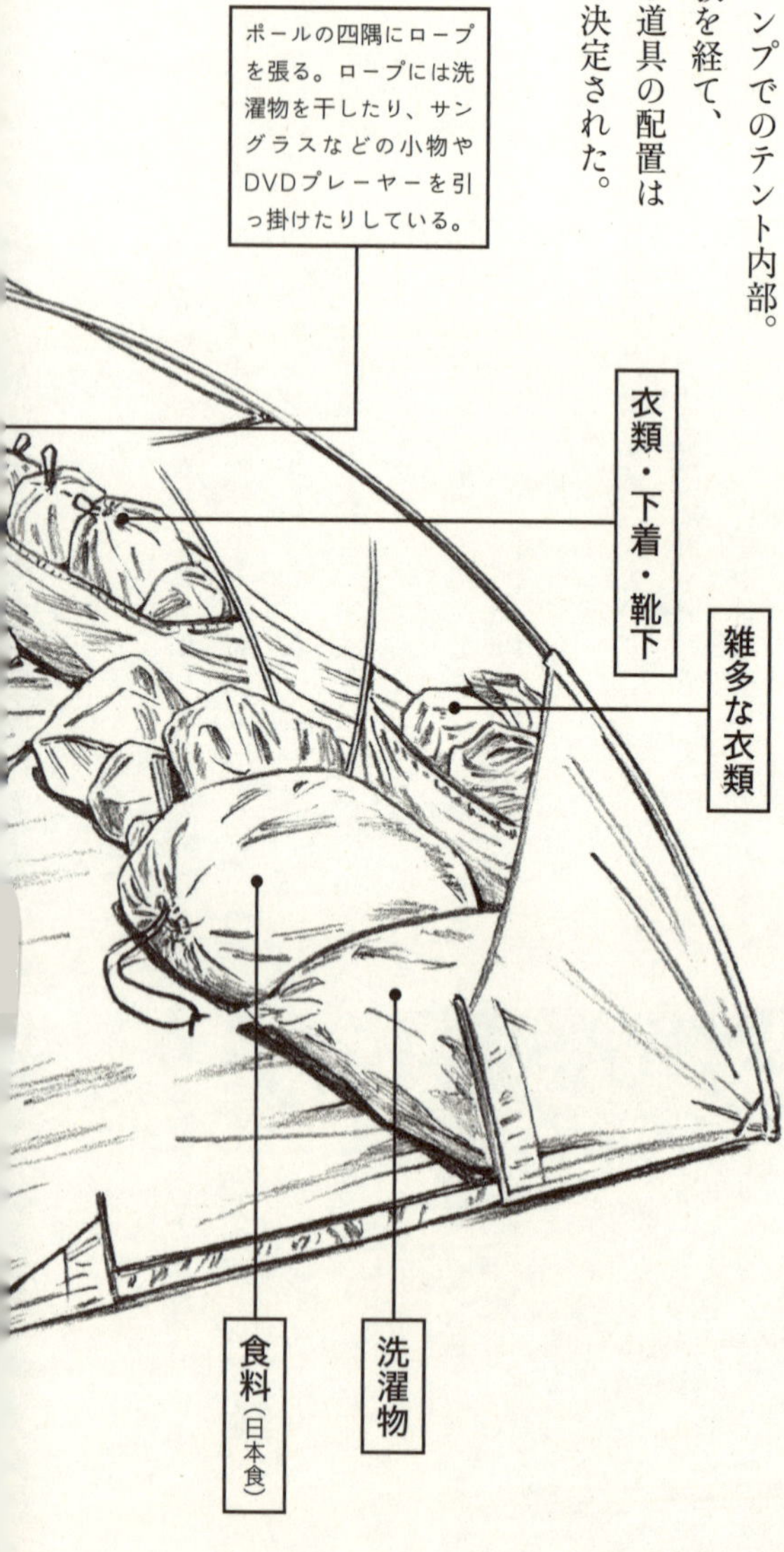

ポールの四隅にロープを張る。ロープには洗濯物を干したり、サングラスなどの小物やDVDプレーヤーを引っ掛けたりしている。
衣類・下着・靴下
雑多な衣類
食料(日本食)
洗濯物

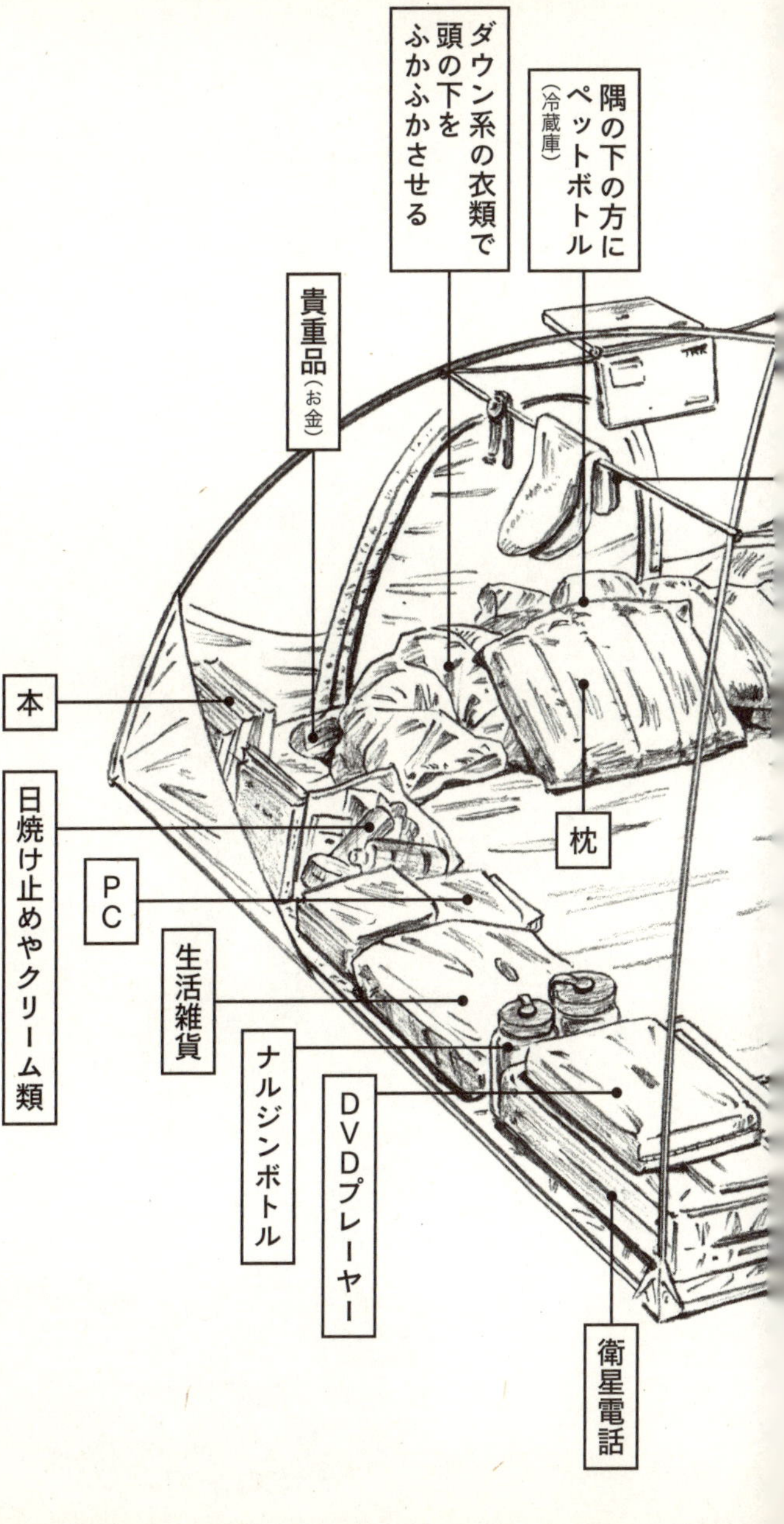
隅の下の方に
ペットボトル
（冷蔵庫）
ダウン系の衣類で
頭の下を
ふかふかさせる
貴重品（お金）
枕
衛星電話
本
日焼け止めやクリーム類
PC
生活雑貨
ナルジンボトル
DVDプレーヤー

ガスストーブ

テント泊をする際、コンロ（ストーブ）は欠かせない。火がなければ、お湯を沸かすことも、食事を作ることも、暖を取ることもままならないからだ。19歳の頃に行ったアラスカ・ユーコン川の川下りや、22歳のときの北極から南極へ向かう旅では、ひたすらＭＳＲのガソリンストーブを使っていた。中でも「ウィスパーライト・インターナショナル」が定番で、これは燃料にホワイトガソリンだけでなく、灯油も使えたので、僻地の旅では大いに役立った。

ガスカートリッジではなく液体燃料を使うＭＳＲを選んだのは、当然のことながらカートリ

SOTO /
AMICUS SOD-725T

ッジが手に入らない状況を考えての選択である。ガスカートリッジは飛行機に乗せることができないので、現地の専門店で買うしかないが、ガソリンならどんな小さな町でも手に入る。しかも、MSRは火力があって仕組みも単純であるため、安心感があった。

難点は、着火前にいちいちポンピングをしたり、何よりガソリンが重いということである。ストーブ部分の収納はコンパクトなのだが、1グラムでも減らしたい旅で、液体のガソリンを持ち運ぶのは骨が折れる。

しかし、MSRはそれを補って余りある力を発揮してくれた。グニャグニャのアルミでできた熱反射板が付属していて、ストーブのまわりをそれで囲むと、風が強くても火は消えないし、火力が安定するうえに湯沸かし時間も短縮できる。

と、ここまでガソリンストーブへの愛着を語ってきたわけだが、しかし最近ではめっきりMSRの出番は減ってしまった。理由は簡単だ。ガスカートリッジがどこでも手に入るようになったからである。カートリッジの入手さえも困難な僻地に行かなくなったということも大きいかもしれない。

最近はヒマラヤ界隈に通っているが、ぼくだけでなく登山者の多くはガスストーブを使っている。ヤクにガソリンを運んでもらうよりは、カトマンズの街中でいくらでも買えるガスを持参したほうが手間を省けるのだ。

寒冷地でも使える小型ガスとストーブのセットで300グラムを切るので、ガソリンの重量を考えると圧倒的に軽い。扱いも簡単ですぐに火が点けられる。最近は日本製のSOTOを愛用中。

ヒマラヤの上部キャンプでは、ガスストーブを使って、とにかく水作りに専念することになる。ストーブの自動着火装置は高所では必ず使えなくなるので、マッチやライターは必携だ。すぐに取り出して着火できるよう、常にポケットに入れておくか、ヒモなどに張り付けて首からぶら下げておいてもいい。

高所では水が沸騰する時間が遅い。ゆえに、雪から水を作るため、ストーブの火とのにらめっこが続く。ものが燃えるには、発火源である熱は言うに及ばず、酸素が必要となる。昔、家庭科の授業などで習った覚えがあるが、炎は酸素が十分供給されると青い色で燃えるし、酸欠状態になると緑色や赤色に変化する。ヒマラヤのような高所では常に酸素が不足しているため、必然的に火力も弱まってしまうのだ。

ぼくたちは少しでも燃焼効率を高めようと、丸く切り抜いた木の板を置いて、そのうえにストーブをセッティングする。この木の板が実はすこぶる便利なのだ。凸凹の雪や氷の地面に直接ストーブを置くのではなく、この板を敷くことによって、ストーブが安定し冷気もカットしてくれるため、カートリッジを冷やすことなく熱効率をアップさせられる。MSRに付属していたアルミの反射板も役立つだろうが、極寒の地において素手で扱うのは少々注意が必要だろう。

ちなみに、北極探検で有名なフリッチョフ・ナンセンや、南極点に到達したロアルド・アムンゼン、さらに1953年にエベレストの初登頂に成功したヒラリーとテンジンも、ガソリンストーブではなく、ガスストーブを使っていた。

荒野に向かう旅ではガソリンストーブ、軽さが肝になる登山遠征などにはガスストーブ、というように使い分けるのがいいかもしれない。とにかく自然の中ではストーブがなければ、人間は生きていくのが難しい。火を司るストーブは、生きていくために必ず持つべき重要な道具なのである。

ソーラーパネル

野外での生活が長くなればなるほど、その大切さを痛感するのがインフラの有無である。ヒマラヤ遠征では、長いと2ヶ月を超える滞在になるので、一時的な生活というよりは、半ば暮らしているような感覚になる。慣れれば快適なのだが、最初は自分たちが普段どれだけ物にあふれた贅沢な生活をしていたのかを実感させられる。

まずは水だ。上下水道が整い、蛇口をひねれば水が出ることのありがたさは何にも代え難い。ベースキャンプで使う水は、氷河湖や氷河の合間を流れる川などからキッチンボーイが1日に何度も担ぎ上げている。南極では自分たちで氷を切ってそれを溶かして使っていた。シャワーなどはこの貴重な水を使うわけだから、1週間に一度浴びられたらいいほうである。こうした苦労を体験すると、飲み水が水道からじゃぶじゃぶ出てくる街の暮らしに到達した人間の技術力とそこに至る知恵の在り方は本当にすごいな、と単純に思ってしまうのである。

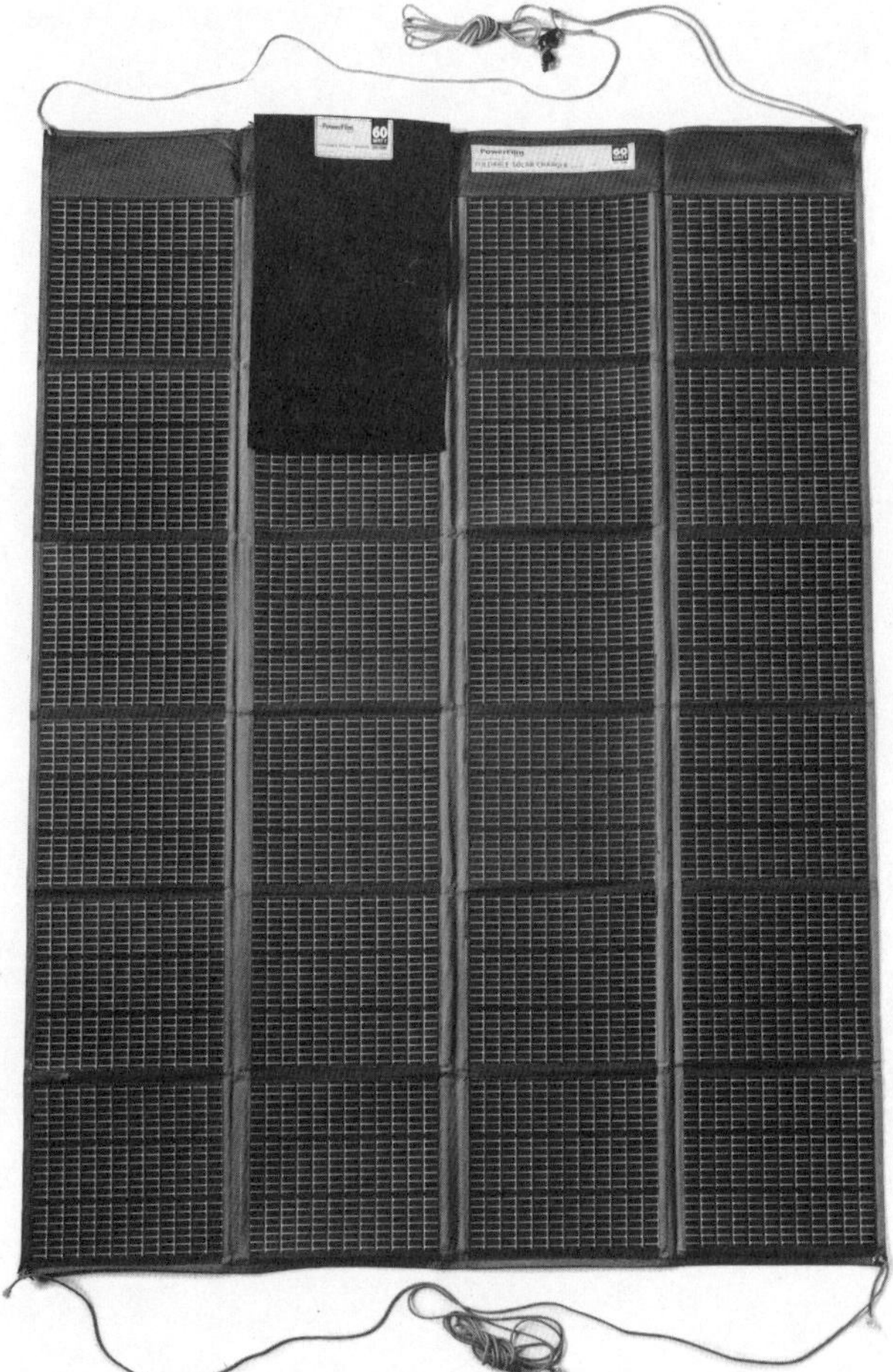

PowerFilm / Foldable Solar Charger

水を沸騰させるガスボンベも貴重だ。これは下の村からヤクやポーターが運び上げ、調理やストーブにも使われる。水も火も、ぼくにとっては等しくありがたい。

そして、何より愛おしく感じられるのは、電気である。2日3日のテント生活なら、携帯電話が使えなくても、ネットにアクセスできなくても気にならない。しかし、1ヶ月を超える遠征となると、さすがにそういうわけにもいかなくなる。

携帯電話やカメラのバッテリーやパソコン、その他もろもろの電化製品を使うには当然電気が必要だ。特にPCはぼくにとってのライフラインで、電話は使えなくても一向に構わないが、PCのメールも通じないとなると、ほとんどの仕事がお手上げになってしまう。逆に言えば、メールさえ通じれば、原稿も写真も送れるので、ぼくのような職業であればどんな仕事も一応こなすことができるのだ。

ネットにアクセス云々の前に、まずこの電源の問題を解決しなくてはならない。水道、ガス、電気……、こうしたインフラがすべて整っている場所なんて、世界を見渡せば、ほんの一部だろう。ヒマラヤのベースキャンプでも、南洋の小島にも、電信柱なんてものはない。電気は、ガソリンを燃料にした発電機か、ソーラーパネルに頼るほかないのである。

貴重なガソリンを使う発電機から電気を得るのは緊急時だけなので、普段は使わない。やはり頼るべきは、ソーラーパネルによって蓄電された電気だろう。例えばヒマラヤのベースキャンプでは、巨大なソーラーパネルを何枚か設置して、朝10時頃から夕方まで隊のメンバーがそれを交替で使用できる。サミットプッシュの前などは、みんなカメラのバッテリーを充電したがるので、順番待ちができることもあった。が、普段は、この大型のソーラーパネルを何枚か設置しただけで、10人程度の人間が最低限必要とする電気量をまかなえた。ただし、天候が悪ければ当然蓄電量も減るので、悪天候が長引けば電気を使えない日もやってくる。今日は充電できるかな、と思いながら毎日恐る恐るコンセントにプラグを差し込んでいたので、パソコンが充電されていることを示す緑ランプを見ると、ついほっとする。帰国した今も、その感覚はなかなか消えない。

以前は、PowerFilmというソーラーパネルを借りて、ベースキャンプに持っていったこともあった。これは畳1畳分ほどの大きさがあるので、蓄電できる容量も大きく、ＰＣにも使えるのですこぶる便利である。GOAL ZEROというソーラーパネルをバックパックにぶら下げている外国人を最近はよく見かける。携帯電話などは、あのくらいのサイズで十分なのだろう。

極地での生活は、電気やガスといったライフラインが止まった状態でいかに生き延びるか、そのサバイバル術を実地で学んでいるようなものなのだ。

寝袋

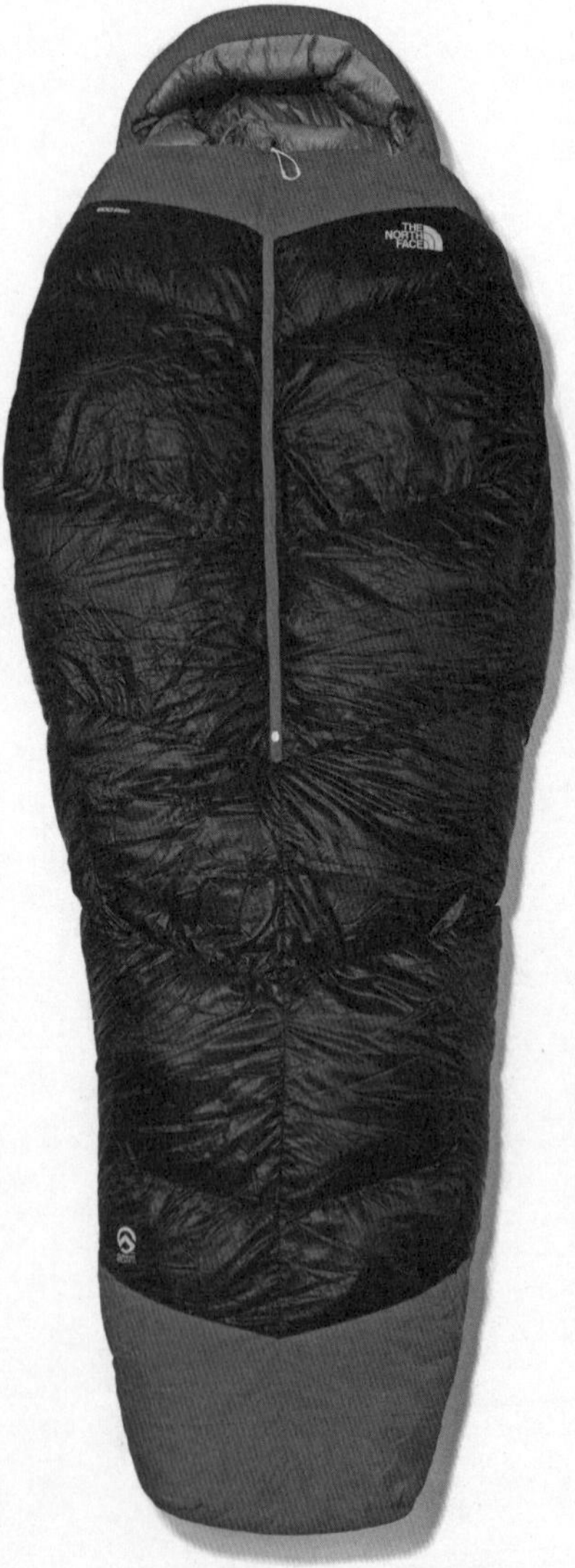

THE NORTH FACE / INFERNO -40C

ネパールのルクラという村からエベレスト・ベースキャンプへと続く一本道、通称エベレスト街道は、トレッカーの聖地のような場所である。街道沿いには「バッティ」と呼ばれる茶屋があり、そこにはトタンでできた薄い壁で仕切られた部屋に、簡素なベッドが二つ置かれている。ベッドには、一応クッションが敷いてあり、旅行者はそこで一夜を過ごすことができる。気の利く茶屋では、部屋に毛布が用意されていて、それにくるまって眠ることもできるのだが、多くの茶屋には毛布すらないこともしばしばで、持参した寝袋を使って眠ることになる。

ナムチェバザールという谷間の村に至るまで、すなわち標高4000メートルを超える手前までは寝袋なしでもなんとか眠れる。が、それを越えると、粗末な掛け布団や毛布だけではきつい。茶屋の部屋はすきま風もあって、とにかく寒いのだ。

寒さというのは苦しさと直結していて、あらゆる身体の動きを鈍くしてしまう。暖かければ何でもできるが、寒さは行動する意思まで削いでいくから恐ろしい。そのようなことを考えはじめるのも、ぼくの場合はこのあたりの標高からである。太陽の光を心からありがたく感じるようになるのも4000メートルを超えたあたりからだろう。

粗末な部屋とはいえ、室内にいてもこんな感じなので、標高5200メートルのベースキャンプに着いてテント生活がはじまると、より高いレベルで寒さとの戦いがはじまる。それよりさらに上のキャンプともなれば、言うまでもない。ここで重要となるのが、何より寝袋である。朝、暖かな寝袋から出るのがつらい。そうした幸せなひとときを提供してくれるのも寝袋だし、がちがちに震えて地獄を見させてくれるのも寝袋である。寒くて眠れないなどという経験はほとんどないので、ぼくはこれまで寝袋の選択をさほど誤ってはいないはずだ。

4000メートルを超えるような場所に行くときは、ノースフェイスの「インフェルノ」という羽毛のモデルを使っている。この寝袋を使っていて寒さを感じたことはない。逆に言えば、下界でこの寝袋を使うと暑すぎて眠るどころじゃないかもしれない。

ぼくはこれまで数え切れないほどの種類の寝袋を使い、あらゆる状況下で眠ってきた。ミクロネシアではふんどし一枚を着用し、ごく薄い寝袋を使って寝た。灼熱のアメリカ南部、ニューメキシコあたりでは、寝袋さえ使わずにシュラフカバーをかけて寝た。北極や南極のテント生活では、二重になった重い寝袋にくるまった。はじめての6000メートル峰であるアラスカのマッキンリーに登ったときは、ジッパーなしで潜り込むタイプの羽毛軽量寝袋を使った。中学生の頃に行った冬の奥多摩縦走には、はじめて自分で購入したオレンジ色のモンベル製ダウンハガーという寝袋を持参した。

生まれてはじめて寝袋を使って寝たのは、小学生の頃の夏合宿だったと記憶している。ぼくが通っていた都内の男子校には、那須合宿という夏の恒例行事があった。その名の通り、栃木県の那須にある校舎に数泊しながら、オリエンテーリングなどの野外活動を行うというもので、ぼくはこの行事が好きだった。

那須合宿に参加するにあたって、各自、リュックサックと寝袋を購入させられた。学校で決められたものだから、全員おそろいである。はじめて手にした寝袋は、外側が青く、内側が赤くて、サイドにジッパーが付いている。当然、ふざけているうちにやぶいてしまう奴などがいて、そこから白い綿が見えたのを覚えているので、中には羽毛ではなく、綿が入っていたのだろう。あの頃は暖かさ云々よりも、寝袋のつるつるした感じが好きで、合宿が終わった後、自宅に帰ってきてもたまに押し入れから寝袋を引っ張り出してきては、布団の上に敷いて眠ったりしたものだ。

その時代から、適切な寝袋さえあれば、ぼくはどこにいてもぐっすり眠れた。それは今に至るまでまったく変わらない。雨風をしのげる小屋やテント、そして寝袋さえあれば、そこが家になる。生きていく上で、こんな便利なアイテムを使わない手はない。

CRAZY CREEK／
オリジナルチェア

椅子

椅子は文明の象徴である。あぐらをかいて座るより、背中をもたれる行為がいかに楽かということを遠征に行くたびに実感する。読書や仕事など、あるとないとではぜんぜん違う。西洋人は座椅子ではなくふつうの椅子を欲しがるけれど、日本人は床に座るのに慣れているから、座椅子だけで十分に心地良く感じられるはずだ。

一見シンプルだが携帯性と座り心地は極上。バックルを外すとテントマットになるのもいい。テント内だけでなく、プジャで野外に座るときなどにも持参する。南極で使っていたものなので、もう15年近く愛用中。

枕

これまで上部キャンプでは靴やハーネス、ザックなどの上に衣類を置き、それを枕にしていたけれど、K2遠征では空気で膨らます枕を初めて採用。睡眠はとても重要で、こんな小さな枕が一つあるだけで、快適のレベルが一気にアップした。枕って、すごい……。

Therm-a-Rest /
NeoAir Pillow

テント内での防寒

自然環境に、まったく平らな場所などない。砂利や石、木の根っこや地形がもつ凹凸など、とてつもなく豊かな表情をもっている。そのうえ、湿っていたり凍っていたり、太陽で熱せられて熱かったり、日陰で冷たかったりもする。そんな地面の上で寝る場合、寝袋の使用はもちろんとして、その下にテントマットを敷く必要がある。

寝袋+テントマットの関係をベッドにたとえるなら、テントマットがベッド本体、寝袋はシーツ+毛布みたいなことになるだろうか。シーツと毛布だけでも眠れないことはないが、やはりベッド本体があったほうが快適だ。テントマットは寝袋の陰にあって、いつもサブ的な扱いを受けている印象があるけれど、実はとても重要な道具の一つである。

中学3年くらいのときからずっと使用しているシート

裏側はアルミの断熱加工、四隅にひもを通す穴が開いていて、緊急用のツェルト(登山用の小型軽量テント)やタープとしても利用できる。ぼくは主にテントのグラウンドシートに使っているが、普通のシートよりも性能がいいので重宝している。K2遠征ではブルーシートをテントの下に敷き、さらにテント内の床にこれを敷いて寒さを防いだ。

Therm-a-Rest /
Z Lite™ Sol

このZライトは学生時代から使い続けている古いもので、今回のK2遠征では、これにアルミが蒸着されたZライトソルを使用。

テントマットにもいくつか種類があって、ウレタンやスポンジ系のそのまま使うもの、空気を注入するエアマット、その両方の特徴が取り入れられたマット、と大きく分けて3種類ある。どのタイプがいいというものではなく、一長一短があるので、行く場所などによって、それらを使い分けるのがいい。

ウレタンやスポンジ系マットの長所は、何よりもただ広げればよい、というシンプルさにある。ぼくが子どもの頃のキャンプでは、今もおなじみの銀マットを使っていた。青いスポンジに銀のアルミが張られ、断熱（と聞くと熱を奪ってしまうように聞こえるが、地面からの寒さをやわらげる）加工が施されたものだ。これはどこにでも売っていて安くて使いやすいのだが、寝返りをうつと知らないうちにはみ出していたりして、滑り落ちやすい。値段が安いので当然だが断熱効果もそれなりでしかない。でもロングセラーを続けていることからもわかるように、キャンプ場などで寝る普通のキャンプでは、これで十分だ。

ぼくがヒマラヤで使っているのは、サーマレストの「Zライトソル」というもので、長方形に折り畳めるウレタンマット・Zライトに、銀マットのようなアルミを蒸着《じょうちゃく》させた製品だ。軽くて畳みやすく、使い勝手はよい。多少かさばるが、ザックの側面や上下部に装着してもそんなに重さを感じないので、好きだ。

学生時代からZライトを使い続けており、このマットは身長に合わせてハサミで切り落とすことで、サイズ調整も可能になっている。丸めるマットではなく、畳めるスポンジマットを開発したサーマレストの発想に敬意を表したい。

ヒマラヤの上部キャンプでは、雪面を整地できるほど雪がなかったり、雪が溶けてぼこぼこになっているところで寝なくてはいけない場合もある。あまりに凹凸が激しいとZライトの厚みだけでは快適に眠れない。だから、ぼくはサミットプッシュに向かう際や上部キャンプで寝る際には、Zライトではなく、これまたサーマレストの空気注入式マット「ネオエアーXライト女性用」を持っていく。なぜ「女性用」を選んでいるのかというと、ぼくの身長が170センチで、「ネオエアーXライト女性用」は全長168センチなので、ぴったりと合うからである。サーマレストはアメリカのメーカーなので、すべてのマットは大柄の男性に合うように作られている。平均身長がアメリカ人よりも低い日本人には少々大きいのだ。だから前述のZライトは切って使用し、切れない空気注入式のものは女性用を選ぶ。機能は男性用と何ら変わりなく、軽さを追求するためにも、ネオエアーXライトの女性用を選ばない手はない。

７０００メートルを超える高所で空気を注入するのは一苦労だが、それよりも軽さや暖かさや快適さのほうが断然重要だ。ぼくはザックを枕にすることが多いけれど、この場合ザックはマットの上ではなく、下に敷く。そうすればザックの凹凸が気にならない。スポンジ系のマットの三倍くらいの厚みが出るので、かなりの凹凸の上でも眠れてしまう。もちろんパンクに注意しなければいけないので、常時使用するというよりは、ぼくの場合、念のために、ここぞというときにエアマットを使用するようにしている。

ぼくは、この二種を使い分けることで、十分世界中を旅することができると思っている。

Therm-a-Rest / NeoAir™ XLiteZ™

空気を入れて膨らむ非常にコンパクトなマット。K2遠征では女性用サイズを使用。

仕事道具

山での仕事

山での仕事は、メールのやりとりと原稿を書くこと、それから撮影である。

出発前に原稿仕事などはだいたい調整してきているのだが、どうしても連載や新たに受けてしまったものを持ち込んでしまう。今回のような長期遠征だと、衛星電話を持ち込んでネットワークに接続してやりとりをすることもある。

家で書いているときはうっかり寝てしまっ

たり、ちょっと休もうと思ったら朝になってしまうこともあるが、山ではそうはいかない。パソコンのバッテリーはいつでも充電できるわけではなく、ソーラーパネルに頼っている状態なので、電気は貴重だ。だからパソコンの電源を入れたまま、何を書くか悠長に考えたり、手を休めたりすることは避けなければいけない。切羽詰まっているからこそ、逆に集中できることもある。

撮影をするときは、三脚をかついで外へ出てぷらぷら歩きながら撮るけれど、どうしても撮影場所がベースキャンプ周辺に限られてしまうので、なかなかたくさんの種類の写真を撮ることは難しい。

PC

Panasonic / Let's note

どんな旅でも、パソコンは必ず持っていく。電話を持っていかないことはあっても、パソコンを持っていかないという選択肢はない。今は、電話よりもインターネットのほうがどこでも繋がりやすいし、接続料も安価（もしくは無料）なので、パソコンは必需品だ。スマホで事足りるという方もいるかもしれないが、スマホは長文を書くことに向いていないし、デジタルカメラの写真を送ったり、整理したりするのにもパソコンのほうがいい。

自分の東京の仕事場ではＭａｃを使っているが、旅では落としても壊れにくいパナソニックのレッツノートを持っていく。耐衝撃性能に優れていて、トラックの荷台の振動や、牛の背中に揺られたりしても、今まで壊れたことはない。

ヒマラヤの遠征ではバッテリーの問題が付きまとうので、予備のバッテリーを持っていく。2本のバッテリーを交互に使いまわすのだが、それでもソーラーパネルの蓄電は太陽の具合によって不足することもあり、電源との闘いとなる。「残り○○パーセント」という表示が視界の隅でちらつくので、逆に少ない時間のなかで集中して原稿なり、メールの返信なり、日記を書くことができるという利点もある。電気やそれを供給するコンセントというものは、いつでもどこでもあるものではない、そんな当たり前のことをヒマラヤ遠征ではいつも痛感させられるのだ。

こうした電源問題を解決するために、長い文章はポメラで書き、送るときだけパソコンを使うという方法も有効だ。ポメラは書くことに特化した機械で、旅する作家にはもってこいの道具である。単三電池2本で30時間はもつので、電源の心配はほとんどいらない。電源の起動が早く(開いただけで電源オン)、ノートにメモするように使えるし、英和・和英・国語辞典もついているので電子辞書を持っていく手間が省けるし、暇つぶしに国語辞典で言葉を調べまくるのもいい。頑丈で軽いので、外国を長期で旅しながら文章を書く人には特におすすめだ。

ボロボロになったPCケース

SIMフリー携帯

海外に到着すると、まずチェックするのがその国の通信事情である。インターネットはどんな場所でどの程度使えるのか、無線や有線のLANは宿にあるのか、携帯電話のシステムはどうなっているのか、などなど。こうした通信事情は日進月歩で変化しているので、その国に着いてみないと現状がわからないことも多い。

旅に行くときはたいてい携帯電話を持参する。日本で使っている携帯電話もグローバル機能がついていて、今はある程度の国で使える。だが、日本の携帯を海外で使う場合は国際電話扱いとなり、通話料金などが割高になってしまうため、ぼくは通常の携帯電話とは別に、毎回SIMフリーの携帯を持っていくことにしている。

一昔前はNOKIAのSIMフリーの小型携帯を使っていたが、その機種では通話のみしかできず、メールの送受信はできなかった。今はiPhoneがあるので、いろいろな意味で便利になっ

カトマンズにて購入したSIMフリーのiPhone3。古い！

た。

ぼくが使っているiPhoneは、日本ではもはや誰も使っていない旧型モデルのiPhone 3である。2011年、必要に駆られてネパールのカトマンズで購入した。カトマンズにも秋葉原のような電気街があり、その名を「ニューロード」という。そこに行けば、携帯電話屋が軒を連ねていて、何でも買えてしまうのだ。

ただ、店が多いだけあって、中国やインド製のニセ物も多く出回っている。iPhoneを探して、ぼくはニューロードの店を何軒かまわったが、本物を扱っている店は少なかった。雑居ビルの3階あたりにある、極めて怪しい佇まいの携帯ショップでようやくiPhoneを見つけた。

店員に「これは本物なの？」と尋ねると、当たり前だろと言わんばかりの顔で「本物だ」と言う。ノースフェイスのニセ物をはじめとする登山用品に関しては、その真贋《しんがん》をすぐに見分ける自信があるのだが、通信機器に疎いぼくは、そのiPhoneが本物かどうか、すぐにはわからなかった。

疑うぼくに店員はiPhoneの電源をオンにして、手慣れた動作で設定言語を日本語に切り替えて見せた。それを見て、なるほど、これは本物だ、と思い、ぼくは購入することを決めたのだった。値段は3万円近くしたが、当時は日本で買うよりも安かった（今はネットのオークションで買ったほうが、断然安いのだが）。

課金できるＳＩＭカードを入手するのが多少面倒で、パスポートのコピーや顔写真と共に、保証人的な現地人が必要になってくる。ぼくはネパールの友人に手伝ってもらって、ようやくＳＩＭカードを獲得した。そこに２ヶ月使っても大丈夫なだけの現地通貨「ルピー」を課金したら完了だ。

こうしてヒマラヤ遠征の前は必ずニューロードに行って、通信機器の整備をする。これからはじまる数ヶ月におよぶ遠征期間中、精神的・肉体的なコンディションの調整は自分自身で適宜おこなえばいいが、通信機器に関しては、山に入ってからではどうしようもないからである。

カトマンズで購入したＳＩＭフリーのiPhoneはその後、活躍している。ブータンやインドやペルーに行ったときも現地でＳＩＭカードを入れ替えて、難なく使用できている。料金も現地価格で格安なので、日本の携帯よりも気兼ねなく使えるところがいい。

ネパールに限って言えば、他にNcellと呼ばれる便利なＵＳＢ機器がある。これはエベレスト街道の、ルクラやナムチェバザールやゴラクシェプなどといった山間の村でインターネット接続を可能にする機器で、うまくいけば標高５２００メートルのエベレスト・ベースキャンプにいても電波を拾える。

エベレスト街道をはじめ、ヒマラヤ周辺の村にある宿では、ネット接続可能なところは本当に少なく、あったとしてもとんでもない価格設定なので、このNcellは大変重宝している。特にベースキャンプでは、衛星電話を使用してネット接続など試みようものなら、個人で来ているぼくにはとても支払えないような額にすぐに達してしまうだろう。電波を拾える場所は限られていて、標高５０００メートルを超えた丘の上に座って凍えそうになりながら毎回ＰＣを開いているのだが、それでもNcellは手放せない。欲を言えばもうちょっと接続が安定すればいいなあ、と思うのだが、今のネパールの変貌ぶりを見ていると、これも数年したら改善されるに違いない。

今はiPhoneも新しい機種がどんどん出ているので、そろそろカトマンズで手に入れたオンボロのiPhone 3を引退させて、買い換えようと思っている。

X線ガードケース

これを読んでいる読者の中に、一体何人の方が未だにフィルムを使い続けているだろう。カメラと言えば、もはやデジカメしか知らない人たちのほうが多いのではないか。かくいう自分は未だにフィルムを使い続けている。6×7のフォーマットで写真を撮れる中判カメラを愛用しているので、フィルムも通常の35ミリ用のものではなく、ブローニーという少し大きなフィルムを使用している。

フィルムを持って飛行機に乗る際、国内線だろうが国際線だろうが、必ずX線検査を通過する。日本のX線透視検査機には、親切にも「ISO1600までのフィルムなら通して大丈夫です」的なことが書かれているのだが、ぼくはそれをあまり信用しておらず、フィルムを通すときは必ずX線ガードケースに入れたまま通すか、通さずにハンドチェックをしてもらうことにしている。

X線恐怖症になっているのは、過去に撮影済みの大量のフィルムを感光させてしまったことがあるからだ。本当に若い頃の話だが、南米で撮影したフィルムを手荷物ではなく、預ける荷物の中に入れてしまい、帰国して現像に出すとすべて微妙に感光していた。2011年にニューヨークで911の事件が起こる前はX線ガードケースも使っていなかった。なぜなら、裸のままのフィルムを預ける荷物の中に入れていても、感光することなどなかったからである。

フィルムを感光させてしまったのは、南米からアメリカへ戻り、アメリカで飛行機を乗り継いだときのことだった。未撮影の新品ならまだしも撮影済みフィルムがすべてカブってしまい、愕然とした。「カブる」というのは正規の露光では感光しないはずの部分に光があたって、フィルムの色がおかしくなったりする現象を指す。幸いネガが真っ黒になるほどのカブりではなかったので、どうにか見せられるプリントには仕上がったのだが、このときはかなりあせった。以来、預ける荷物には絶対フィルムを入れないようにしているし、手荷物であっても必ずX線ガードケースを使用するようにしている。が、実は空港ではこれが一番の厄介ごとで、急いでいるときにも必ずチェックを受けることになるので、非常にやきもきする。

撮影済みのフィルムは写真家にとって、命の次に大切なものだ。どんなにがんばって撮影してきても、フィルムがなくなったら終わりである。デジカメを使う人であっても安心してはいけない。SDカードのデータが静電気などの磁気によって消えてしまうことが往々にして起こりうる。ぼく自身、知り合いの写真家が目の前でデジカメデータを消失した現場に立ち会ったことがある。

とにもかくにも撮影した風景が焼き付いているフィルムは守らなくてはいけない。ぼくの旅行カバンには、どんなときであってもこのX線ガードケースが入っている。地味だけれど、ぼくにとっては不可欠な道具なのだ。

Konica /
ETUI DE PROTECTION
RAYON X
ISO800対応のX線ガードケース。

X ray guard

仕事道具

カメラ

Ｋ２の遠征には、メインで使うフィルムカメラにプラウベルマキナ６７０とマミヤ７Ⅱ、サブのデジタルカメラにオリンパスのＯＭ-ＤとコンパクトなTough の計４台を持参した。プラウベルマキナは蛇腹でレンズとカメラ本体が繋がっており、蛇腹を畳むとお弁当箱のようになって体積が小さくなる。重量はそこそこあるもののペンタックス67ほどは重くなく、携帯性に優れているので旅にはもってこいだ。このマキナ６７０にコダックのフィル

マキナは古いカメラなのでそんなに頑丈ではない。pijamaのスポンジケースに入れて持ち歩いている。

Plaubel / Makina670

ムを使って撮るのが、ぼくの通常のスタイルである。

ただ、マキナは20年以上も前のカメラなので雨風には弱く、ヒマラヤでは、撮影時以外はザックの中にしまっている。普通の旅なら肩から下げていればいいけれど、ヒマラヤではそうはいかない。壊れやすいカメラなので、マミヤ7Ⅱという予備カメラは常に必需品だ。ぼくはマキナを3台、マミヤを3台持っていて、日本でも海外でも常にオーバーホールをしながら、その6台を順番に使っている。

長期の遠征の終盤や登山におけるサミット

Gitzo／カーボン三脚

ジッツォの三脚は何本か持っているが、今は旅向きに作られた小さめのカーボン三脚を愛用。自由雲台を付けている。

プッシュのときは、ザックからカメラを出す気力がなくなり、カメラが鉛のように感じることもある。そういうときのために過酷な条件でもすぐに撮影できる軽くて頑丈なデジタルカメラをサブ機としていつも持って行くことにしている。2015年のK2遠征では、オリンパスOM-Dを選んだ。防滴で軽量なので雨だろうが雪だろうが首からぶら下げてガンガン使うことができて、いい。

K2の後に行ったブロードピークでは、頂上に近づくにつれて吹雪が強くなり、水分を多く含む雪が直接OM-Dにあたって、普通のカメラならあちこちから水が染み込んで壊れてしまうような状況だった。が、OM-Dは耐寒性能にも優れていて、電池の消耗が激

Mamiya / 7Ⅱ

しい高所でもバッテリーが問題なく動いて、ストレスがなかった。

　ひとつ残念だったのは、その吹雪でカメラの電源スイッチが凍ってしまって電源が入らなくなったことだ。舌で舐めて温めたり、歯で噛んで溶かそうとしたものの、スイッチは動かなかった。標高を下げてカメラに付いた雪が溶けると、また正常に動き出したので、やはり頑丈なカメラであるという認識は変わらない。

　他にもキヤノンの5DマークⅢ、フジのTX-1なども使っている。これらのデジカメに共通しているの

OLYMPUS / OM-D E-M5 Mark II

は頑丈なこと。砂埃なども
カメラの故障の大きな原因
となるが、前述したカメラ
は防塵でもあるので、砂も多
少の雨も気にせずにガンガン使
えるのが素晴らしい。

旅と写真を撮ることは自分の中で直結した
行為なので、どんな状況下でも安心して希望
通りの写真が撮れるカメラを常に探し続けて
いる。持っているカメラがすべて壊れたとき
ぼくは旅を続ける気力を失ってしまうかもし
れない。だからこそ、他の何がなくとも、カ
メラだけは必ず持っていく。それほど重要な
道具なのだ。

ポメラ

Bluetooth
QRコード
カレンダー
国語
英和
和英
Insert
Delete
Back space
Enter
Shift
Ctrl

KING JIM / Pomera

ぼくは旅先で日記を書いたり、原稿を送ったりしなければならない。だから、ノートＰＣは必要不可欠な道具である。が、当然のことながら、電源がないところというのも世界中にはたくさんある。そして、そういう場所へ行くときに限って長期の旅になる。

電源がないというのは、すなわちコンセントなどがなく、電気が来ていない地域ということだ。ヒマラヤ界隈だったり、北極圏だったり、南極だったり、そんな場所に行くたびに、ぼくたちが普段どれだけ電気を使って、電気にまみれて生きているのかを実感する。

電気がないと、ＰＣを使えない。デジカメの電池を充電できない。電気式のひげ剃りも無理。

Pomera

電子書籍もダメ。テレビはもちろんＤＶＤ観賞も不可。灯りはヘッドランプのみ……。つまり、普段当たり前に使っているものが何一つ使えなくなってしまう。

日記なんかはノートに書けばいいと思う向きもあるだろう。が、ぼくの場合は、日記を元に原稿を書いたり、日記をそのままブログにアップしたりするため、最初からデータ化されていたほうが圧倒的に便利なのである。

そこで、行き着いたのがポメラだった。知人の小説家、山崎ナオコーラさんが旅先で使っていたのを見て、ぼくも真似をした。そうしたらすこぶる使い勝手がよく、今では長期で辺境に行く際は、必ず持っていくことにしている。

ポメラは書くことに特化された道具なので、物書き系の仕事をしている人に特にお勧めである。利点は、乾電池２本だけでかなりの長時間動いてくれること。ヒマラヤでは、２ヶ月間日記を書き続けたが、ほとんど電池交換の必要はなかった。カラー液晶がなく、白黒のシンプルな画面なので、それによって電池の消費がおさえられている。

また、国語辞典と英和・和英辞書がついているので、それだけでも便利だった。海外では英語で困ることも多々あるわけで、ポメラがあれば、あらためて電子辞書などを持っていく必要がないし、ネットで調べられない状況でも使える。

また、起動がやたらと早いので、本当にメモ代わりにささささっと使える。さらに、頑丈で、キーボードが使いやすく、ＳＤカードが使えたりして、ぼくにとっては嬉しい機能がいろいろついているところもいい。

そんなわけで、特に〝極地系辺境長旅〟でポメラは力を発揮してくれる。そんな旅に頻繁に行く人もなかなかいないだろうけれども。

レンズ付きフィルム

長期の遠征には必ず、レンズ付きフィルム「写ルンです」を持参していた時期があった。普通は観光地などで日常の風景を撮るために利用するのだろうが、ぼくはまったく逆に、日常からかけ離れた場所でこのカメラを利用することが多かった。

冒険や探検という行為は、それを記録することと分かちがたく結ばれている。単独で山に登って「私は頂上に立ったんです」と言っても、それを証明するものがなければ他人は

FUJIFILM／写ルンです シンプルエース

信じようがない。旅人にとって、写真はそうした場所での存在証明として必要とされるのだが、気温がマイナス30~40度にもなる極地遠征などでは、カメラの電池切れや故障というアクシデントに見舞われることも少なくない。だから、環境が厳しければ厳しいほど「写ルンです」のような、誰が使っても撮れるカメラを重宝することになる。

前述のとおり、ぼくはメインのカメラとして、プラウベルマキナ670というブローニーフィルムを使用する古いレンジファインダーのカメラを愛用している。しかし、ヒマラヤの頂や長期の極地遠征の途中で壊れてしまった場合取り返しのつかないことになる。だから、大切な局面では必ず「写ルンです」を胸ポケットに忍ばせることにしていた。デジタル時代の昨今まで、このスタイルは崩れることがなかった。やっぱりフィルムに留めておくと安心できるのだ。特に単独行の旅人にとって、記録することは何より重要である。

自分の撮影行為の原点にあるのは、「表現」ではなく「記録」することだと思っている。美意識や自意識から解き放たれ、撮らざるをえないから撮った写真、そこに写真そのものの力が最も強く現れると信じている。つまり、何をどう撮るかよりも、なぜそれを撮るかということのほうが、ぼくには大切なのだ。

初めて出版した写真集『POLE TO POLE 極圏を繋ぐ風』(中央公論新社)の表紙は、北極の氷上で「写ルンです」を使って撮った写真だった。1頭の白クマがゴミのように小さく写っていて、色も少しだけ褪せている。この写真集を作るにあたって、2000枚以上の写真を写真家の森山大道氏に見せたときに「これがいい」といって選んでくれたのが、その写真だった。撮影時、目の前に白クマが現れてぼくの足は震え、バッグのなかに入れていたカメラを取り出すことができなかった。ジャケットの内ポケットに入れていた「写ルンです」を取り出すのが精一杯で、恐怖に駆られながら、でも撮りたい、撮るしかないという、まさに撮影の動機が臨界点に達して撮った写真だった。

携帯電話を含め、今は誰もがデジカメを使用する時代だから、画面を見ながら失敗だと思った写真を即座に消してしまう。しかし、実はその間違った写真のなかに大切な何かが含まれていることもある。フィルムの一コマ一コマには消せない記憶が刻まれ、そこに自分が歩いた一連のプロセスをきっちりと残してくれる。自分の行動に消去できるものなど、実は何もないのだ。僕が「写ルンです」で撮った、白クマかどうかもわからないくらいぼんやりした写真は、他人が見たら失敗写真として捨ててしまうかもしれない。しかし、森山さんはそれを選んだ。写真とは、そういうことなのだ。

ちなみに、ぼくが旅でいつも使っている「写ルンです」は、一般的なISO400のものである。時々、防水仕様の「写ルンです」も活用していて、エベレストに登ったときなどは、これが役に立った。せっかくエベレストに登ったのに写真が撮れなかったら後悔してもしきれない。普通の「写ルンです」でも大丈夫だったかもしれないが、あえて防水仕様を選んだのは、雪や水をかぶっても絶対に壊れないタフさを必要としていたからだ。以前、南極に3台の一眼レフカメラを持っていって、その3台とも壊れてしまったことがある。だから南極点に到達したときの大事な写真も「写ルンです」で撮ったものになってしまった。落としても壊れず、水や水蒸気にも強い「レンズ付きフィルム」は、ぼくの最後の頼みの綱であり最強の記録道具として、いつも手元に置いている。

K2ベースキャンプ(標高5100メートル)に向かうためモレーン(氷河上に土砂が堆積した場所)の上を馬と歩いていく。

2015年夏

K2登攀記

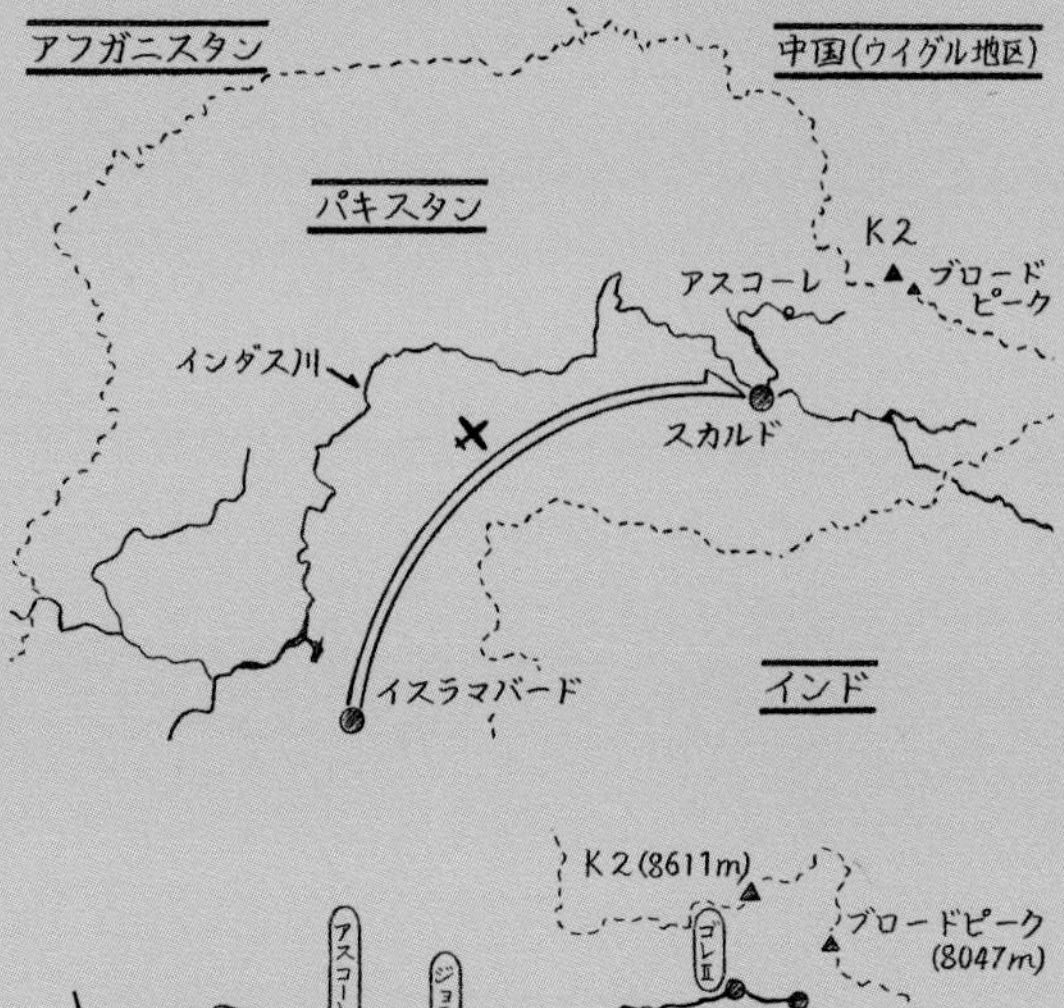

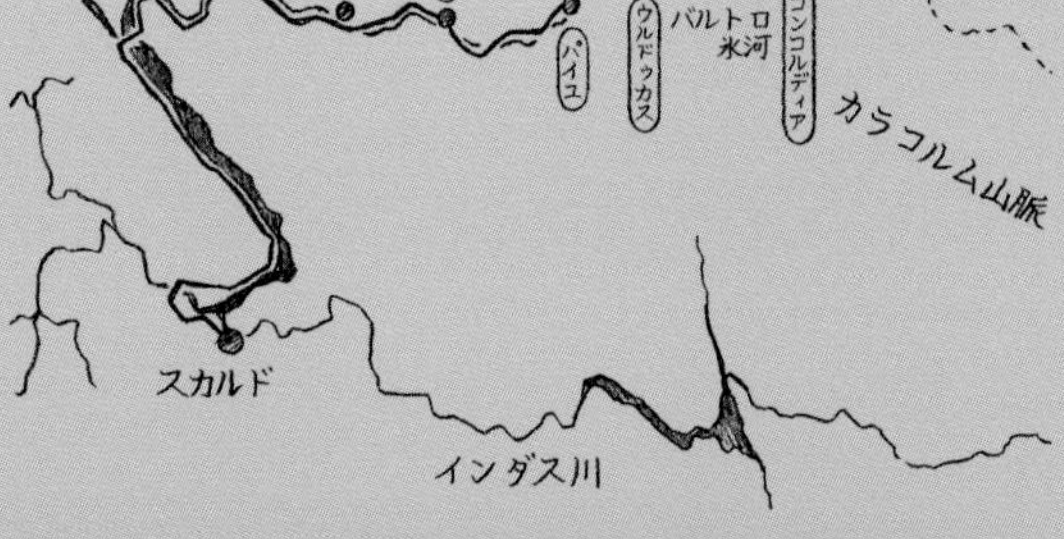

２０１５年６月、日本からバンコク経由でパキスタンのイスラマバードに行き、イスラマバードから小さな飛行機でスカルドという街に入った。この先に小さな集落はあるものの、何かを買おうと思ったらここが最後だ。ぼくはスカルドでパラソルのような安い傘を買った。ベースキャンプへ向かうトレッキング時に雨がよく降るからだ。風さえ強くなければ、ゴアテックスの雨具よりも、傘のほうが便利なときもある。いくらザックカバーをしていても、高性能な雨具に身を包んでいても、大量の雨が降れば、どこかしらから染み込んでくるし、荷物が濡れるのを避けるには、傘があったほうがいい。

スカルドから古びたランドクルーザーに乗って、アスコーレという村へ向かった。アスコーレから先は、すべてテント泊となる。その先は人の営みさえない荒涼とした地域に入る。

アスコーレからジョラ、パイユ、ウルドゥカス、ゴレⅡ、コンコルディアと呼ばれるキャンプ地（名前はあるが村などではない）を通過してＫ２のベースキャンプへと歩き始めた。バルトロ氷河では、雨やみぞれ、雪などによって天候が急変する。こうした不安定な気候条件のもと、鬱屈したトレッキングの日々をこなさなければならない。

パイユにはわき水があり、そこでふんだんに水が使えるのだが、その先は自分たちで雪や氷を溶かして水を確保しなければならない。パイユが最後の豊かな水場ということで、その冷たい水を使って洗髪をした。しかし、これが原因でぼくは風邪をひくことになった。

パイユ以降、徐々に調子が悪くなり、風邪の諸症状が現れ始めた。晴れていたらいいが、みぞれなどで体がずぶ濡れになりつつ毎日毎日歩いていたので、風邪を完治させるだけの余裕がなかった。熱、悪寒、鼻水、のどの痛み、頭痛、倦怠感、食欲不振、下痢などの症状が自分の身に降りかかった。高度障害も入っていたかもしれないが、そのおおもとは風邪だった。どうにか諸症状を一つずつ治していったものの、最後に咳だけが残った。ベースキャンプに到着して以降も咳が続き、苦労させられた。

どうにか標高5100メートルのベースキ

バルトロ氷河上のキャンプ地。

ャンプに到着することができた。以前、下見でベースキャンプ手前のコンコルディアまで来ているのだが、K2のベースキャンプまではたどり着けなかった。初見のK2ベースキャンプは氷河の上に砂礫《されき》がたまったモレーン上にあり、雪と岩に覆われている。寒い。

ベースキャンプで体を休め、咳を徐々に治していった。たかが咳、と思うかもしれない。が、ここは平地ではない。下では簡単に治る病気やけがが、5000メートル以上の高所では体の免疫能力が低下してなかなか治らないのだ。そして、それが致命傷となって、登頂の可否を決することさえもある。そのことを十二分に承知しながらも風邪をひいてしまった自分の愚かさを恨みたくなる。

ベースキャンプに着いて2週間以上が経った頃、ようやく咳がおさまりつつあった。薬で治すというよりは、食べまくり、寝まくりで、とにかく体を元気にすることを優先した。それが何よりの特効薬となる。

頂上を目指す前に、ぼくたちは「高所順応」といって、体を高所に慣らさなくてはいけない。そうしないと、どんなに体力があっても頂《いただき》に着く前に足が前に進まなくなってしまう。

ぼくはK2とブロードピークという二つの8000メートル峰に登る許可をとっており、高

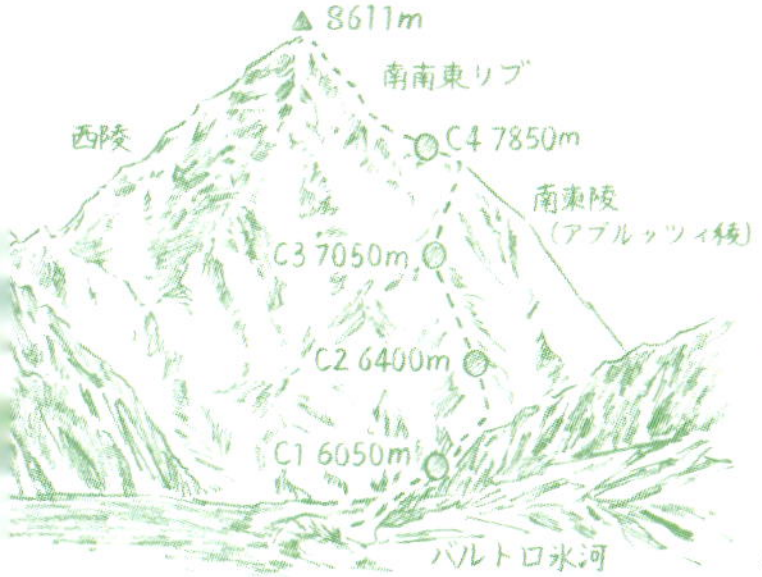

所順応はこの二つの山のどちらか、あるいは両方で行うことができる状況にあった。

もちろん主目的はＫ２登頂だが、Ｋ２は危険な山だ。何度も登降を繰り返していれば、そのうち雪崩にやられてしまうかもしれないし、滑落する危険性もある。というのも、ぼくたちが選んだ「南南東リブ」というルートはノーマルルートよりも明らかに急峻だが、しかし、そのぶん短距離で頂上に向かえるルートとなっている。登りよりも下りに神経を使うルートで、順応活動には適していない。

そうした理由から、Ｋ２は偵察を兼ねて南南東リブルートのＣ１（第一キャンプ・標高５６００メートル）まで行く程度にとどめて、順応はブロードピークで行うことにした。

Ｋ２の周辺には、ブロードピーク、ガッシャブルムⅠ、ガッシャブルムⅡという三つの８０００メートル峰があり、そのほかにも美しい秀峰が点在している。Ｋ２から最も近くにあるのがブロードピークで、今回はＫ２とブロードピーク、両方に登る計画を立てていた。

Ｋ２のＣ１に行った後、ぼくはブロードピークのＣ１、Ｃ２まで行ってそれぞれ１泊し、６０００メートルという標高に体を順応させた。ブロードピークのほうは、Ｋ２ほど斜度がきつくはなく、ルート上に難しいところはなかった。

K2南南東リブルートの第1キャンプ(標高6050メートル)に向かう斜面にて。

こうして、ぼくは順応の第一ステージを終えた。次は、順応の第二ステージである。いよいよK2本体に入り、苦労の末に標高7000メートルのC3に到達した。ぼくはここにダウンのワンピースをデポした。デポというのは、必要な装備や食料を、次に来るときのためにキャンプ地などの要所に置いて(depositして)いくことを指す。「次に来る」といっても、次は最終のサミットプッシュとなる。C3まではゴアテックスのジャケットを着て登り、C3でダウンのワンピースに着替えて登頂を目指す、というのがぼくたちの計画だった。

ベースキャンプに戻り、「あとは頂上に登

るだけ」という状態から、1日が過ぎ、2日が過ぎ……と着実に時間が経過していった。ぼくたちは待っていた。何を待っていたのか？　好天の窓が開くのを待っていたのだ。

登攀技術にどんなに長けていても、体力にどんなに秀でていても、天気が良くなければ、登れない。特にK2という山は、人間の無理はきかない。大ヒマラヤ山脈の一角、カラコルム山脈内にありながら、その形は独立峰といってもいいようなシルエットで、他の山とは異なる。

美しい三角錐のような山容は、すなわち風の影響をもろに受けて、少々の気象状況の変化が気温の大きな上昇下降へと繋がる。また、斜度のきつい三角錐をしているということは、雪がつもればその重みによって必ず落ちてくるわけで、雪崩も非常に起きやすい。

だとしたら、最も気候が安定し、雪崩などに遭遇する可能性が低いときを狙って頂上への一歩を踏み出さなければいけない。だから、ぼくたちはひたすら好天の窓が開くのを待っていた。

が、独立した峰であるK2の天気を予想するのは難しかった。エベレストでは高い精度をもって天気を予想することができる。エベレストのあるクンブー地方には、他にもローツェやアマダブラムといった有名な山があり、世界各国、各社の天気予報を複数集めることが可能だ。しかし、K2界隈は中国とインドとパキスタンの国境という、人里離れた最奥の地域であり、誰も天気予報を必要としない。一部の物好きな登山家以外は……。

MOUNTAIN
HARD WEAR

ブロードピークの第2キャンプ（標高6400メートル）。

ブロードピークの第3キャンプ=最終キャンプ(標高7050メートル)。

OZARK

ぼくたちはスイスのメテオテスト社の気象情報のみを使用し、エベレストで行っている通りの方法で天気を予想していたのだが、なかなか正確には割り出せなかった。

小さな好天の窓が開く日が近づきつつあったが、それも2日間ほど、ということだった。ベースキャンプから頂上に行き、下山するまでに5日間ほどはみなければならない。2日間では短すぎる。

ぼくたちはこの2日間の窓を見送ることにした。K2に登るのはぼくたちだけではない。他にも今季のK2には何人もの登山家が来ている。ぼくたちの隣にベースキャンプを作っていたのは、世界的に有名な冒険家マイク・ホーンで、彼はメルセデス・ベンツ社の支援を受け、スイスからベンツを駆ってパキスタンまでやってきて、K2に登る計画を立てていた。マイク・ホーンは過去にもK2に挑戦したことがあって、これが4度目の挑戦となる。

そのマイクの隊が、ぼくたちが見送った小さな好天の窓を狙ってサミットプッシュに入った。当然、ぼくたちは固唾《かたず》をのんで彼らの登攀に注目していた。結果は、C3（標高7000メートル）より少し上で撤退。C3より上は雪が深すぎて、マイクのほか、数人ではルートを開くことができなかった。そればかりか、せっかくぼくたちの隊が設置したC3までの固定ロープが、すべて氷の中に入って使えなかった、とのことだった。

固定ロープの設置には、莫大な労力が必要となる。そのロープが埋もれていて、引っ張り出すことも不可能な状態になってしまったのだ。再びロープを張り直そうとしても、ロープ自体が足りない。ぼくたちは窮地に立たされた。

マイクたちは熟練したクライマーの集団で、彼らが登れないところをぼくたちが登れる可能性は高くない。最後の頼みの綱（文字通り……）だったロープも氷に埋まって使えないということであれば、手も足も出ない。

ベースキャンプに重い空気が漂いはじめたところに追い討ちをかけるように、巨大な雪崩がＫ２で起こった。これまでも雪崩は何度も起こっていた。Ｋ２だけでなく、周辺の山でも頻繁に起こっているのをぼくたちは目撃している。が、今回の雪崩は、完全に自分たちのルート上で引き起こされた。誰も巻き込まれなかったからいいものの、登攀中であれば確実に死んでいた。マイク・ホーンのサミットプッシュの結果とこのルート上における雪崩が、今季のＫ２撤退を決定づける要因となった。

次の好天は10日以上後である。それまでにロープはもっと深く埋まるだろうし、好天が10日後ということは、10日間は雪が断続的に降り続くということだ。そうすれば踏み跡も消えて、登るのはもっと困難になるだろう。

Ｋ２から撤退する。その瞬間、ぼくたちの目標は隣のブロードピーク（標高８０５１メートル）へと移った。ブロードピークは世界で12番目に高い山で、カラコルム山脈の８０００メートル峰の中では比較的容易に登れるとされる。

ブロードピークの最終キャンプは標高７０００メートルにあるＣ３である。Ｋ２はキャンプを４つ作る予定だったので最終キャンプはＣ４となるが、ブロードピークは８０００メートルそこそこの標高なので、Ｃ３からダイレクトに頂上へ向かえる。

ぼくたちは最終キャンプを深夜に出発して、ブロードピークの頂を目指した。が、テントを出てすぐに吹雪《ふぶ》かれてしまった。このときフィルムカメラはザックの中にあり、首からはオリンパスのＯＭ‐Ｄというカメラをぶら下げていた。ぼくがこのカメラを好きなのは、防滴、防塵、そして防寒に長けているからで、多少の吹雪の中でも動いてくれる。フィルムカメラをメインで使ってはいるものの、動画などを撮影するためにデジカメも持っていくのが常だ。過去の遠征では、高所における低温によってデジカメのバッテリーが一瞬で奪われて撮影できなかったという苦い思い出があったので、今回は慎重に準備した。ＯＭ‐Ｄは耐寒性能にも優れ、バッテリーのもちがよかったので、氷点下の寒さでも反応してくれる。

サミットプッシュに入ったものの、吹雪かれてしまったので、一度ぼくたちはＣ３に引き返すことにした。そこで引き返す直前に動画を撮影しようとOM-Dの電源を入れようとしたのだが、メインスイッチの上に雪が張り付いて、カメラ上部が氷の塊のようになってしまった。氷に埋もれて電源スイッチが動かない。しかし、どうしても撮影したかったので、ぼくは凍った部分を歯で削ろうと口を使ってスイッチ部分を噛んだり、舐めたりしてみたのだが、それでも氷は溶けてくれなかった。あの状態を傍から見たら、高所で気が狂ったと思われたかもしれない。それくらいどうしても撮影したかったのだ。

その後、2度目のサミットプッシュに出るも、深い雪に阻まれて撤退を余儀なくされた。下山途中で氷が溶けるとカメラのスイッチが動くようになって電源が入り、撮影することができるようになった。しかし、ときすでに遅し。あの夜に撮れなかったことを今でも悔いている。次にもう一度行くときは、電源スイッチだけは何かでカバーしておこうと思う。

というわけで、2015年のぼくたちのK2・ブロードピーク遠征は終了を迎えた。頂上には立てなかったのだが、こてんぱんにやられた、という気持ちはない。天候さえ許せば、登頂の可能性は大いにあった。だからこそ、ぼくは本当に悔しい。悔しいという感情が心の底から湧き上がるのは、いつ以来だろう。愛しの魔境、K2。いつかあのてっぺんからカラコルムの山々を見渡したい。いつか必ず……。

ブロードピークの第3ベースキャンプからK2を望む。

夜のブロードピーク。

身に着けるもの

標高ごとの着こなし

長期遠征の場合、大きく分けると四つの場所で着られるものを想定して持っていく。

6000m～ 生物がいないエリア

登山をする格好。ゴアテックス上下、頑丈な登山靴、分厚い手袋、ザックを背負う。

5000m ベースキャンプエリア[1](午後から夜)

ダウンのズボン、ダウンジャケット、フリースやセーターなどのリラックスできる格好。スノーブーツも履く。

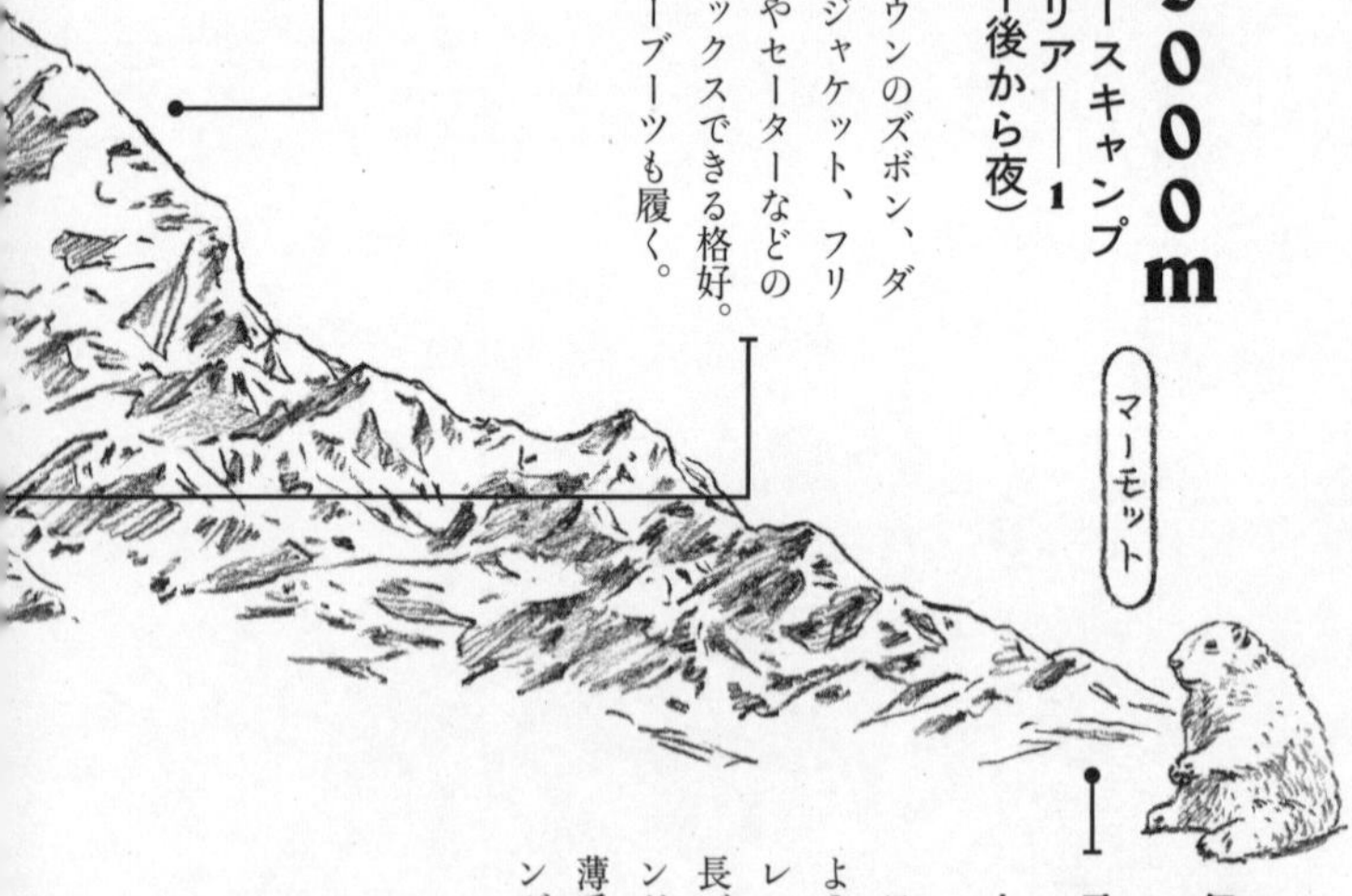

3000m～5000m トレッキング中

日本の富士山に登るような格好。普通のトレッキングシューズ、長ズボン、長袖、ウインドブレイカー、帽子、薄手の手袋、トレッキングポール。

Column

8000m〜
ほぼ頂上に近いエリア

ダウンのワンピース、中が三重の靴。

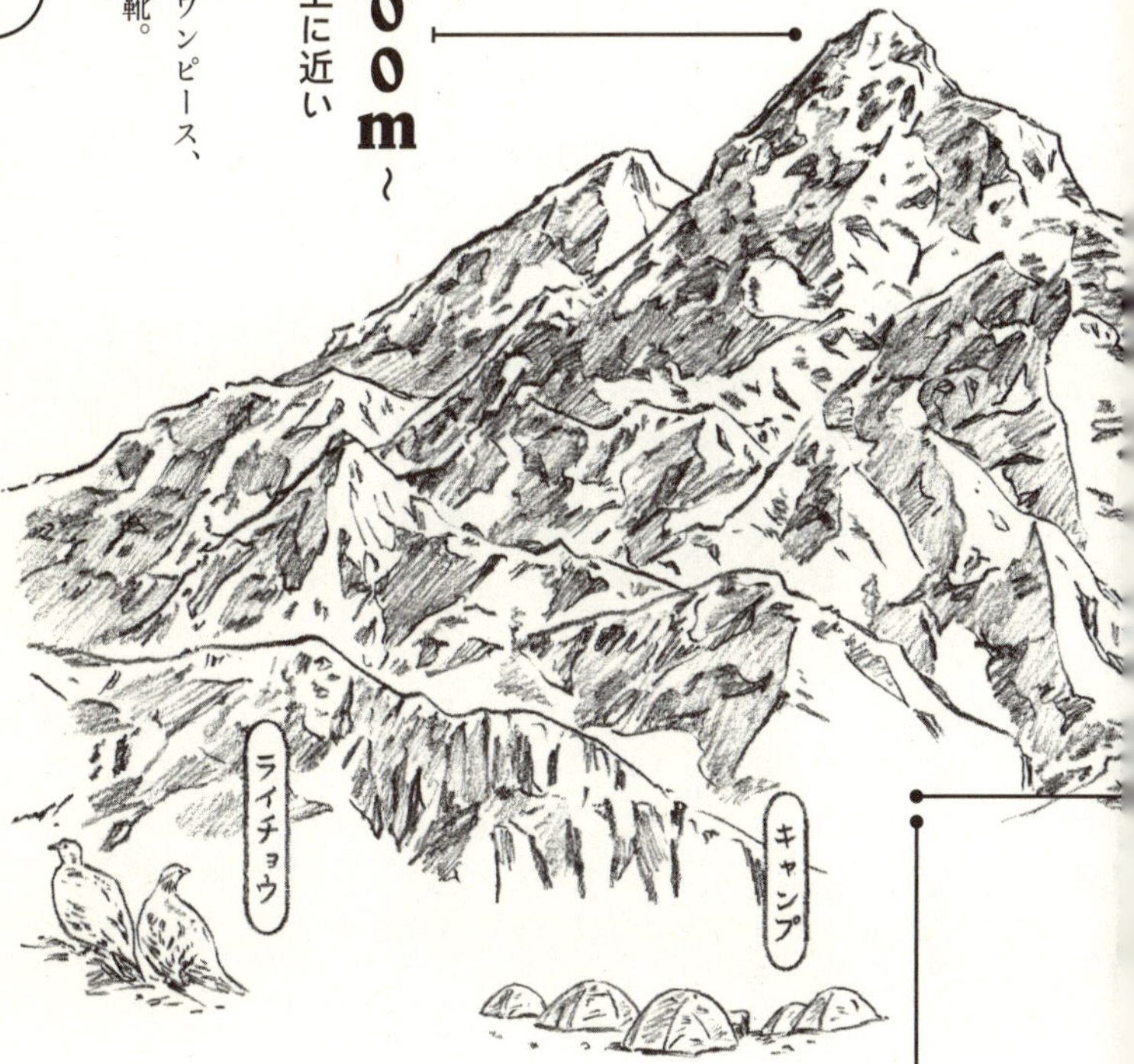

5000m
ベースキャンプエリア——2（朝から昼）

薄手のダウンとナイロンパンツとサンダル。洗濯できる枚数は限られてるので、臭くなる直前に洗う。バケツに洋服をいれてその上からお湯をかけて、シャンプーや石鹸でゴシゴシ洗ったあと足でふみつける。昔の洗濯のような感覚。

ゴアテックスのジャケット

冬になると、どこのアウトドアメーカーもそうだが、防寒着、特にゴアテックスのジャケットがよく売れる。でも、その使い方を間違っている人もたくさんいる。特に街着としてアウトドアウェアを着る人に、誤用が多い。

先日、こんな会話を聞いた。「○○（←アウトドアのブランド名）の服って、色とかかっこよくて好きなんだけどー、でも、すっごく高いやつでも、全然暖かくないんだよねー」。会話を聞くに、彼らは一番外側に着るアウターの話をしているようだ。ぼくはその会話に耳を澄ませながら、いやいやあなた、それ着方を間違ってますよ、と言ってあげたかった。

ゴアテックスは防水にもかかわらず、透湿性に優れていて、蒸れない防水素材として有名だ。だから、アウトドアメーカーの上級ウェアの大半は生地にゴアテックスが使われている。値段も高額なので、さぞ暖かいのだろうと思って、人はそれを買い求めるのだろうが、まずそこが間違いである。

　アウトドアのウェアは重ね着することを前提に作られている。つまり、裏地がついた防寒目的のウェアは別として、通常のゴアテックスのアウターはそれ単体ではそんなに暖かくない。風は防いでくれるが、それ以上に体を温めるような空気の層を作ってくれないからだ。だからこそ、フリースやダウン、あるいは高性能なアンダーウェアと組み合わせることによって、本当の効果を発揮するのである。

　Tシャツの上に、バカ高いゴアテックスのアウターを羽織ったところで、当然まったく暖かくない。前述の若者は、値段は高いしゴ

THE NORTH FACEのゴアテックスジャケット

アテックスが使われているからというただそれだけで、着れば暖かいと思っていたようだが、違うのだ。

アンダーウェア、フリースなどの中間着、そしてアウター。この3枚がフィールドでの重ね着の基本である。中間着の上にダウンなどを加えることによって、極地でも過ごせるほどの防寒装備として、ウェアがはじめて十二分に機能することになる。だから、ただ何枚も何枚も服を着ればいいというものではない。3枚、あるいは4枚程度の重ね着で必要十分であるといえる。

一番外側に着るアウターは、どこのメーカーもたくさんの種類が出ていて、どれを選んだらいいのかわからなくなる。もちろんその用途にもよるが、新製品が乱立している今、ぼくでさえも何を買うか迷ってしまう。

そんな状況のなかで、あえて自分がオススメするのは、ノースフェイスの「マウンテンジャケット」である。最もオーソドックスな形のフード付きゴアテックスジャケットだが、昔からあるロングセラー商品だけあって、とにかく使いやすい。生地がパリパリしていなくて普段でも着やすいし、取り外し可能なスノースカートが内側についているので、バックカントリースキーやスノーボードなどのウィンタースポーツにも使用できる。もちろん防水だから、急な雨にも負けない。生地がそんなに薄くはないので、ある程度の防寒にはなるが、一方で軽量化を求めるバックパッキングには向かないかもしれない。ただ、秋から春にかけて、街でもフィールドでも着られるジャケットとしては非常に使い勝手がよく、特に冬の撮影や寒冷地だけど登山ではない、みたいな取材に行くときには重宝している。

テクニカルな山や本格的な登山では普通のジャケットでは力不足なので、そのときはノースフェイスのサミットシリーズのゴアテックスジャケットを着る。標高6000メートル以上の高所登山ではこうしたテクニカルなジャケットが必要だ。ノースフェイス以外のメーカーにも、きっと昔から名前や形の変わっていないロングセラー商品があるはずで、そういうウェアは汎用性が高い。

ちなみに、マウンテンジャケットはアメリカ規格なので、サイズが日本のものと異なっている。身長170センチのぼくだと、マウンテンジャケットはSサイズ、サミットシリーズのジャケットはMサイズとなる。このあたりのサイズ選択は慎重に。

そして、ゴアテックスのジャケットはうまく重ね着をしてはじめてその機能を発揮する。そんな当たり前のことを、今一度ここで言っておこう。

ストレッチフリースの上下

ぼくはストレッチフリースという素材を好んで着用する。要は、伸びるフリース素材のことだ。普通のフリースは風を通すので、厳しい環境ではウィンドストッパーの裏地が付いているものを着るか、アウターを使用しないといけない。また、生地自体がボワボワしているので、かさばるし、重い。逆に言えば、フリースは家の中で着たり、あるいはあまり動かないキャンプなどで着る分にはいいアイテムだ。が、やっぱり激しい運動にフリースは適さないと思うのだ。

そこで生まれたのが、ストレッチフリースである。表面は毛羽だっておらず、ツルツルしているので、上に着るジャケットやパンツの通りがいい。またフリースのように緩いフィット感ではなく、体に張り付くようなピタッとしたシルエットをしている。そうしたタイトなシルエットにもかかわらず、素材自体がほどよく伸びるので、運動時は何の妨げにもならないし、その上、風も通しにくい構造になっていて明らかに機能的に優れている。

下着を穿き、ストレッチフリースのタイツを着用し、その上にゴアのパンツを身に着けるだけで、冬場は大抵の場所に行ける。ゴアのパンツをダウンパンツに替えれば、8000メートル峰の装備にもなる。

上半身も同様だ。アンダーウェアの薄いシャツを着て、その上にストレッチフリースの上着を着て、さらにゴアテックスのジャケットを着れば完璧である。暑かったらアウターを脱いで腕まくりでもすれば、ウェアに迷う春や秋でも十分に対応できる。

とにかくストレッチフリースは汎用性が高く、ゴアの下に着る一枚として、上下もっておいても絶対に損はない。ぼくは10年以上前からストレッチフリースのタイツやプルオーバーを愛用しており、寒い場所に行くときでもこれさえバッグに忍ばせておけば、いざというときのために安心感がある。

さらに、ストレッチフリースの上下一体型ワンピースというものも存在していて、これは8000メートル峰のサミットプシュ時など、大事な日に欠かせない。ストレッチフリースの上下セパレートタイプは標高6000メートルまでの登山、上下一体型のワンピースは6000メートル以上の登山で着る、とぼくは決めている。例えばエベレストだったら、6400メ

THE NORTH FACE

ートルの第2キャンプ以降は、ダウンのワンピースの下に、ストレッチフリースのワンピースを着る。この組み合わせは本当に暖かいのだ。

ワンピースではトイレがしにくいのではないかと思う読者もいるだろう。が、そこはメーカーもわかっていて、お尻がすぐに出せるようになっているタイプがほとんどである。だから、トイレにも困らない。腹を冷やすことも当然なく、もたつかないし、吸湿発汗にも優れている。寒さの厳しい極地における最後の切り札として、遠征には必ず持っていきたい道具だ。

ぼく自身、昔はモンベル、今はノースフェイスのワンピースを愛用している。ノースフェイスのストレッチフリースを使ったワンピースは、擦れやすい首回りを毛羽立たせてソフトにするなど、工夫が随所に見られて、気に入っている。

惜しむらくは、ほぼ黒しか色がないことだ。フリースはたくさんの色があるので好みの色を選べるが、ストレッチフリースに関してはまだそこまで色のバリエーションがない。そのあたりが改善され、色が選べるようになったら普段でも着たいなあ、と思うのだ。それくらいどんな状況下にも対応可能な便利なウェアなのである。ストレッチフリースという素材が、ゆくゆくさらに活用されて、色や柄のついたものがいつか発売されることをぼくは心から期待している。

THE NORTH FACEのストレッチフリースを使用したワンピース

ダウンスーツ

ヒマラヤの標高6000メートル以上のキャンプに滞在するときは、ダウンのワンピースを着用することになる。またの名を「ダウンスーツ」と言う。ワンピースといっても当然女性が着るようなアレではないし、スーツといってもサラリーマンがぱりっと着こなすソレでもない。街で着るワンピースやスーツの対極に位置する、いわば作業着としての「ツナギ」である。そのツナギに羽毛が詰められているものが、ダウンのワンピース、すなわちダウンスーツということになる。

エベレストでは6400メートルの第2キャンプより上、マナスルでは6800メートルの第3キャンプより上で、ダウンスーツを着用した。ぼくが使っているのはノースフェイスの「ヒマラヤンスーツ」というもので、ネーミングだけ聞くと「ヒマラヤの紳士」のようなイメージも湧いてくるのだが、これを着用する場所は、人間を寄せ付けない極寒の荒野のみである。

ノースフェイスの商品説明には「最高品質のグースダウンをフードから腕、胴体、脚と、全身に封入し、表面にはシェル素材として理想的なゴアウィンドストッパー™を採用。ワンピースの内側には腰から下のズレ落ちを防ぐサスペンダーを装備しています。袖は冷気の侵入を防ぐグランバージャック仕様。ヒップには用足しのためのファスナーを配置しています」とある。たしかに表面はゴアテックス製なので、水を弾いてくれる。といっても、この服を着て雨に当たるということはありえない。雨が降るような暖かい場所でダウンスーツを着たら、雨によって濡れる前に、汗で濡れてしまうからだ。

氷や雪の上に座ることも多いので防水のゴアはありがたいし、さらに激しい風雪にも耐えられるよう、ゴアウィンドストッパー™を採用しているところが、ヒマラヤンスーツの信頼を高めている。他のメーカーからもダウンスーツは販売されているが、ぼくのこうした個人的な感想ばかりでなく、他の外国登山家からもヒマラヤンスーツの信頼は篤い。「ノースフェイスのヒマラヤンスーツ、欲しいけど高いんだよねー」みたいな登山家同士の会話を、ぼくは何度か聞いた。

ぼくはこのダウンスーツを着て頂上へ向かう際、必ず内ポケットに温かい飲料を入れた500ミリリットルのナルジンボトルを入れる。するとカイロ代わりになる上に、冷めにくいし、取り出しやすい。また外ポケットの一つは、無線などを収納するために作られていて、アンテナを出すことのできる穴がついている。これは実際に使った人でないとわかってくれないと思うが、極地で使うことを最大限考慮した心憎い仕様である。

サスペンダーがあるのでずり落ちないし、尻のファスナーは高所での大便を容易にしてくれる。いくつもあるポケットにはコンパクトデジカメやその電池を忍ばせて、いつでも撮れる状態にしておくことができる。こうした使いやすいヒマラヤンスーツには欠点が見当たらないのだが、強いて言えば暖かすぎることか。体を動かさずに止まっている分にはいいのだが、激しい運動をするには厚すぎるし、暑すぎると感じるだろう。使用する場所と人を極めて限定する服であると思う。

このダウンスーツを、友人で俳優の伊勢谷友介くんに見せると、「冬、バイクに乗るとき、いいんじゃやね?」などとつぶやいていたのを思い出す。たしかに真冬にバイクに乗っても、このダウンスーツを着ていたら全く寒くないだろう。バイクでの用途のほかに、これを着て街で寝るという選択肢もある。冬の東北や北海道をのぞけば、布団もベッドも寝袋もいらない、最強の防寒着兼寝具となることは間違いない。今後もしばらくのあいだ、ヒマラヤの重要な局面では、このダウンスーツに自分の命を預けることになるだろう。

THE NORTH FACEのヒマラヤンスーツ

その他の防寒具

ゴアテックスのパンツ

雪山では特に必要。サイドジッパーをあけるとベンチレーションになり、熱を逃してくれる。足元にインナーゲイターが付いているので、多少の雪ならスパッツはいらない。

トレッキング用のパンツ

ストレッチ素材のナイロン系パンツ。撥水加工してあるものがいい。一週間くらい穿き続けることもある。

ベースキャンプ用
極厚ダウンジャケット

2001年、南極をスキーで歩いていたときに使っていたロウアルパインのダウン。もう15年近く前のものだが現役で使っている。メーカーロゴの上に、ネパールで買ったヤクのワッペンを付けて、今も愛用中。

ダウンジャケット

THE NORTH FACEのアコンカグアジャケット。軽く、そして小さくなるのでいつもザックの中に入れている。定番かつ使用頻度の高い服。

薄手のダウンジャケット

THE NORTH FACEのライトヒートジャケット。主にインナージャケットとして使用する。撥水加工してあるので多少の雨でも濡れない。アコンカグアジャケットと重ねて着てもOK。

ヒマラヤンパンツ

ぼくが通っていた私立の小学校には制服があったのだが、ズボンが、1年を通じてなぜか半ズボンだった。しかも、ホットパンツのような丈の短さで、冬は恐ろしく寒い。あの制服、当時は何の疑問ももたずに毎日着ていたが、上は詰め襟で、下はホットパンツって冷静に考えるとおかしくないか。隙があれば露出した友人のモモを平手で叩くという遊びが流行り、寒い冬にモモを何度もひっぱたかれて真っ赤にしている奴もいた（というか、ぼくもその一人だった）。

6年間、雨の日も雪の日も半ズボンで学校に通い、しかもモモをひっぱたかれ続けたので、下半身の寒さへの対応力は、普通の人よりも持ち合わせていると信じている。実際、下半身に寒さを感じたことなど、今まであまりなかった。

ストレッチフリースのタイツの上にゴアテックスのパンツを穿く。あるいは化繊のアンダーウェアの上に薄手のダウンパンツを穿き、その上にさらにゴアテックスのパンツを穿く。そん

THE NORTH FACEのヒマラヤンパンツ

な重ね着をすれば、どこにいてもだいたい平気だった。が、2013年秋、ヒマラヤのアマダブラムという山に遠征に行ったときだけは、勝手が違った。

標高5000メートルちょっとのベースキャンプ生活で、初めて下半身に寒さを感じたのだ。5000メートル台のキャンプには1ヶ月以上滞在したこともあったので、気温の感覚はつかんでいたつもりだったのだが、アマダブラム北稜のベースキャンプは今まで経験した寒さとは一線を画すものだった。日当たりが悪いうえに日が陰るのが早く、しかも秋だったので日増しに気温が低くなって、遠征の後半は太陽が隠れると極寒状態になった。

いつものように薄手のダウンパンツを穿き、その上にズボンを穿いていたのだが、それでも寒さを振り払うことができない。上半身に着るものはたくさんあったが、下半身に着るものはそんなにバリエーションがない。考えて重ね着しても、じっとしている時間の多いベースキャンプ生活ではやっぱり寒かった。すると、モチベーションが落ちて、徐々に元気がなくなっていくのである。夜が来るのがイヤで、憂鬱になってくる。あれには参った。

あのアマダブラム遠征で襲ってきたうすら寒さを回避しようと、2014年春のマカルー(標高8463メートル)遠征では、極厚ダウンのヒマラヤンパンツを導入した。結果は大成功。ズボンの上にも楽々と穿けて、便利なことこの上ない。もこもこするダウンパンツの自重を支えるには肩紐が不可欠で、オーバーオールの形状にしたのは正解だったと思う。とても穿きやすく、動きやすいことに加えて、冷えやすいお腹の部分もカバーしてくれる。ポケットがお腹の部分と足の付け根を合わせて、四つついているのもいい。かゆい所に手が届いた作りになっていることを、1ヶ月のあいだ毎日着続けて実感した。

標高5700メートルのベースキャンプ生活では、夕方になるとこれを穿いて過ごし、手放せなくなってしまった。寒さは恐怖を増し、暖かさは安堵感を与える。そんな当たり前のことを改めて思い知らされた。次にヒマラヤ遠征を行うことがあれば、ぼくはまたヒマラヤンパンツを必ず持っていくだろう。

山での靴——1

ダウンシューズ

テントを仮の住まいとして野外で暮らしはじめると、途端に靴を脱いだり履いたりするのが面倒になる。テントには靴を脱ぎ履きする「玄関」もないうえに、身をかがめながら出入りしなければならない。テント前のスペースは、雨でぬかるんでいるかもしれないし、岩がごつごつして膝をつけば痛いかもしれない。そんな中、片方ずつ靴ヒモを緩めて靴を脱いで……という動作は、極めて億劫になる。酸素の薄い高所にいたりしたらなおさらだ。

THE NORTH FACE /
Nuptse Bootie

どんなときでも靴の脱ぎ履きは、シンプルであればあるほどいい。

人生指南系の本を量産している作家のエッセイをたまたま読んだら、一流の人は玄関できちんと靴ヒモを結んだり解いたりするものだ、といったようなことが書いてあった。それを読んで、「何を言ってるんだこの人は」と思った。

疲れ果ててテントに帰り着いたときは靴を履いたままテントに入りたくなる。また、緊急時には急いで靴を履いて外にでなくてはならない。高山病気味だったら、いちいち靴を脱ぎ履きするだけで、身体が悲鳴をあげる。ヒモなんて結んでいられないときもあるし、ヒモを緩めるなどというワンクッションが身体をさらに痛めつけてしまうことだってある。

だから靴ヒモはここぞというときにきちんと結べばいい。それ以外のときは、適当な靴を適当に履いてリラックスしていればいいのである。そんな風に思っているから、ぼくは登山のベースキャンプにいるときは、ヒモを緩めたローカットのトレッキングシューズをスリッパ代わりにしている。いちいちヒモは結び直さない。暑い場所ならサンダルでもいいのだが、ヒマラヤのベースキャンプは足元も悪いし、気温も低いので、少々心許ないのだ。

ただ、トレッキングシューズは、ローカットといえども重い。上部キャンプにまで持っていきたいと思えるほど、軽くはない。逆に、テント内で靴下代わりに使用するダウンソックスのようなものは軽いけれど、外で使用できるほど底に厚みがない。そんな両極端な道具しか今までなかったのだが、ノースフェイスのダウンシューズが出てからは、これを常に愛用している。ノースフェイスのダウンシューズは、テント内で使用するダウンソックスに、屋外でも使える少しだけしっかりしたソールを備えたものだ。ただ、作りはヤワなので、どこでもいつでも使えるというわけでもなく、雨にも弱いし、長時間の歩行や激しい使用にも適さない。が、寒いキャンプ地での靴の脱ぎ履き問題を解消してくれるには十分な機能を発揮する。

ノースフェイスのこれは、靴底がきちんとしているので、テントの外をちょっと歩くのにちょうどいい。つまり、テントを出てトイレに行ったり、水作りのための雪を集めに行ったり、隣のテントに何かをもらいに行ったりするときなどに威力を発揮する。外で使用した後は、軽く雪を払って、そのままテント内で使用してもいい。

ダウンシューズは何も極地で使用せずとも、寒い日の室内履きのスリッパとしても役だってくれるだろう。これがなかったときは、靴の脱ぎ履きを避けるために、ぼくはできるだけテントの中で用事を済ませようとしていた。しかし、長期遠征のテント生活では、そのような些細なことでさえストレスに繋がるものだ。少しでも快適なテント生活を目指すならば、このダウンシューズを試しに使ってみてほしい。

山での靴——2

ヒーター内蔵インソール

事の発端は、２００１年5月23日まで遡る。ぼくはその日、世界最高峰チョモランマの頂に立った。23歳だった。

頂上には15分ほど滞在して、すぐに下山を開始した、標高８３００メートルの第4キャンプに下ったところで酸素ボンベが空になり、そこから７９００メートルの第3キャンプ（C3）まで無酸素で下った。3歩あるいてはへたりこんだ。このときが、何より一番きつかった。頂上から這々の体で第3キャンプまで戻って来られたのは、午後7時前、あたりはほとんど暗闇に包まれた頃である。

それと同時刻、一緒の隊にいたグアテマラ人のハイメが、登頂後にセカンドステップの下まで下ったところで、動けなくなっていた。セカンドステップというのは標高８５００メートルくらいの超高所にある壁で、登頂前の最後の難関として知られている。そこで彼は精も根も尽き果ててしまった。

ガイドのアンディーが、動けなくなったハイメに付き添い、隣で彼のことを励まし続けた。二人はそのまま、8500メートルで命がけのビバーク（野営）をせざるをえなかった。当然酸素ボンベは途中で空になり、超高所の夜を、酸素ボンベ無しで乗り切らなければならなかった。

翌日、シェルパのロプサンとプルバが新しい酸素ボンベを持って二人のもとに向かい、アメリカ隊のシェルパも救助に向かった。シェルパのロプサンもプルバも前日にチョモランマに登頂して、C3まで下ってきていたのに、二人を救助するため、再び8500メートルまで登り返したのである。シェルパといえども、こうしたレスキューはなかなかできない。このときのシェルパの一人、プルバこそ、後にエベレストに21回登頂して世界最強のシェルパになるわけだが、当時は「ちょっと強いシェルパ」というくらいの若者だった。

彼らが持ってきた酸素ボンベを得て何とか動き出したハイメは第3キャンプまで下ることができ、その翌日には6400メートルのABC（アドバンストベースキャンプ）まで戻ってくることができた。ハイメは奇跡的に軽い凍傷で済んだが、ハイメに付き添って一夜を過ごしたガイドのアンディーは、目出し帽から出た鼻の部分が真っ黒になり、さらに足の指を切断せざるをえない重い凍傷を負ってしまった。下山しても、長時間は立っていられないし、声を出すのも苦しそうだった。８５００メートルでクライアントをかばいながらビバークすることの極限。しかし、命を落とす寸前で帰還できただけでもよしとせねばならない。

　このことがあってから、遠征隊の隊長だったニュージーランド人のラッセル・ブライスは、万が一の状況に陥ったときに凍傷を防ぐべく、８０００メートル峰登山時のヒーター内蔵インソールの使用を勧めるようになった。

　ラッセルは道具や薬やシェルパに頼らず、極力自らの力で順応し自らの力で登り切ることをよしとする昔ながらの登山家である。ヒーター内蔵インソールなど普通に考えればオ

Therm-ic /
ThermicSole Perform（インソール）PowerPack Basic（バッテリー）

ーバースペックなのだが、この2001年の遠征以来、彼はこうした道具を使うことを推奨している。

ぼくは彼の言葉の重みについて考える。登山者は常に自分で自分の身体に責任をもち、自分を守らねばならない。それができなければ、第三者である他人に大きな迷惑がかかってしまうのだ。そのことを頭に入れておかねばならない。

このヒーター内蔵インソールは、発熱するコイルのようなものを靴のソールに埋め込むことにより、ブーツ内の特につま先部分を温め、血液の流れを促進する。もともとはスキーやスノーボードの際に使われていた道具なのかもしれないが、高所登山でも使う人が多くなった。温かさは三段階に調節できる。ぼくが使っているものは、片足につき単三電池4本を使用するタイプで、最終日のサミットプッシュ時にしか装着しない。1回の電池交換で半日以上は軽くもつが、おそらく丸一日はもたないはず。単三電池8本分の重さを自らの足に課し、バッテリーボックスを登山靴のふくらはぎ部分に装着するので煩わしくもあるが、背に腹は替えられないのである。

電池を使わない充電式の発熱インソールもあるけれど、4〜5時間しか暖かさが保てなかったりして、少々不安だ。それに、サミットプッシュ前はソーラーパネル電源の使用者が増えて混雑したり、万が一電源にトラブルがあって充電できなかったらまずいので、単三電池式のものが最も確実だと思っている。リチウムの単三電池を使えば、寒さにも強く、より長持ちする。

ぼくのオススメは、ThermicSole Classic（サーミックソール クラシック）というソールとPower Pack Basic（パワーパックベーシック）というバッテリーボックスのセットである。ソールは、ThermicSole Perform（サーミックソール パーフォーム）でもいい。クラシックのほうは靴のサイズに合わせてソールをハサミで切って大きさを調節できるので、どんな靴にも合う。アタック時は当然靴下を二重にしているため、ソールの形状は靴に合いさえすれば、立体裁断などではないぺたんこソールでも問題ない。だとすれば、クラシックのほうで十分だろう。

分厚い靴下のおかげで、ソールの暖かさを実感することは実はあまりないのだが、万が一のことを考えると安心だ。お守り代わりと言ってもいい。ただし、この道具は8000メートル以上の高所登山で活躍する道具であって、日本の雪山で使うにはまったくもってオーバースペックだろう。真冬の野外で延々じっとする仕事（道路の監視員とか？）などをしている方がいるなら、もしかしたら使ってみてもいいかもしれない。

山での靴——3

6000メートル以上の靴

本当に大雑把にぼくの感覚で言えば、6000メートルまでと、6000メートル〜8000メートルと、8000メートル以上では世界が異なる。ここで紹介する二つの靴は、主に6000メートル以上の山でしか使わない。ファントム8000のほうは、インナーブーツ、アウターブーツ、さらにその上のカバーが一体になった三重の靴で、重量もあるし、見た目もごつい。

ぼくが初めてエベレストに登ったときは、ワンスポーツというメーカーの中古の靴をネパールのカトマンズで購入し、それを履いて登頂した。8000メートル用の三重靴はとにかく値段が高く、10万円程度の出費を覚悟しなくてはいけない。23歳当時は（というか今もそんなに状況は変わっていないが……）、そんな大金を靴にかけている余裕はなく、カトマンズの登山用品店を手あたり次第物色し、中古の靴を見つけて胸をなでおろしたのだった。エベレストに

SCARPA / Phantom 6000

SCARPA / Phantom 8000

登るという大きな目標を前に、カトマンズでどうにか靴を見つけられるだろうという何の根拠もない見込みだけで、つまり頂上へ向かうための靴を持たずして日本を発った自分の無謀さにあきれるばかりだが、ぼくは自分に合う靴を現地で見つけられるだろうと楽観的に考えていた。

エベレストに登ることが人生の最終目標という方も多くいるわけで、そんな人たちは遠征を終えると、高所でしか使わない道具をシェルパにあげたり、カトマンズで売り飛ばして帰国する。だからカトマンズの店をつぶさに探していけば、ダウンスーツや三重靴などがぽつぽつと出回っているのを見つけることができる。いわば命がけの登山に中古品を使うのは気が引けるが、ボロボロに使い古したものではなく、わずか数日間のサミットプッシュのみで使用した美品が売られていたりするので、中古品だから信頼に値しないということはない。

それから10年後の２０１１年に再びエベレストに行ったとき、10年前のワンスポーツを家の倉庫から引っ張り出してきたのだが、さすがに使う気にはならなかった。ワンスポーツ社はミレーに買い取られ、今はミレーが同じタイプの三重靴を扱っている。「これは命を預ける大切な靴なんだ」と自分に言い聞かせ、10万円以上のお金を払ってミレーで新しい三重靴を購入した。この靴で、エベレスト、マナスル、マカルーという三つの８０００メートル峰に登頂してだんだん愛着がわいてきたのだが、一方で、できれば履きたくはない。普通の登山靴に比べたら圧倒的に重く、使いにくいからである。

　まず、全体がごつすぎるがゆえに、靴底の感触が皆無で、足首も非常に曲げにくい。こまやかなステップは難しいし、小さな足場において繊細な動きなどできやしない。ただ、寒さには強いので、８０００メートル以上のデスゾーンで凍傷にならないためには、このような靴がどうしても必要なのだ。

　いつも悩まされる高所靴を、Ｋ２ではスカルパのファントム８０００に変更した。劇的に履き心地が変化したわけではないが、ぼくの個人的な感想として、ミレーよりも履きやすく、軽く、動きやすい。６０００メートル峰に登るとき、ぼくはスカルパのファントム６０００を愛用しており、ファントム８０００はその延長上にある靴なので、慣れによる安心感も加わっているのかもしれない。靴はとにかくいろいろなものを履いてみて、とにかく自分に合うものを見つけることが大切だろう。

山での靴——4

サンダル

寒いところへ行くときも、サンダルは必ず持っていく。一日中歩き続け、ようやく宿に着いてトレッキングシューズを脱いだのに、近所に買い物に行ったり、ちょっと外に出かけるにあたって、再び汚れたトレッキングシューズを履く気にはならない。そんなときにサンダルは便利である。

ヒマラヤの茶屋でもポリネシアの離島でも、シャワーが屋外にあることは多いし、屋内でも床が薄汚れていて裸足で足を踏み入れたく

KEEN / Yogui
ベースキャンプでのテント生活などで便利。

ないところもあるので、そういった場所でもサンダルが活躍する。

サンダルは大別すると3種類に分けられる。まずは、足の親指と人差し指のあいだに引っかける昔ながらの草履タイプ。これは、夏の島などで大活躍する。ハワイで売っている「Locals」のサンダルは、値段も安く、色も豊富なので、昔から愛用していた。あと、もう10年以上前に手に入れた「patagonia」の革のサンダルを今も使っている。現行品にあるのかわからないが、ゴムと革を組み合わせて作られたこのサンダルは靴底が厚くて、ミクロネシアの旅などで活躍してくれた。

次に、足首をストラップで固定するスポーツサンダルタイプ。もう10年以上前から「Teva」のサンダルを使いまくっていた。最初は靴擦れならぬサンダル擦れが起きて痛くなる場合もあるのだが、何度も使っているうちに足になじんで、全力で走っても大丈夫になる。頑丈なところも気にいっているし、海に入っても流されることがないのがいい。ただし、フィットする分、草履タイプのものよりも汗をかきやすい。定評のある「Chaco」のサンダルも使ってみたが、ぼくは「Teva」のほうが好きだ。

最後は、クロックスに代表されるスリッパタイプである。指を守ってくれるクロックスのサンダルは世界的に大流行し、亜流も含めていろいろなところで目にするようになった。ネパールでは本物のクロックスと見まがうロゴが付された、形もそっくりなクロックス風のサンダルが売られているが、中国製のニセ物である。クロックスは比較的素材が柔らかいので、最近は「KEEN」のYoguiを履いている。これは底が固く、頑丈で、路面を選ばない。旅のサブシューズにはもってこいだ。

スリッパタイプといえば、「BIRKENSTOCK」も大好きなのだが、旅には持っていかない。革なので水に浸けられないことが大きな理由で、「BIRKENSTOCK」はやっぱり軽快な街履きがよく似合う。

ハワイや沖縄などの島では「Locals」をはじめとする普通のゴム草履、整地されていない海岸を歩き回らなければいけないミクロネシアでは「patagonia」、夏のインドや山歩きもしなければならないポリネシアの島などでは「Teva」、寒い場所のサブシューズは「KEEN」、家の近所への買い物には「BIRKENSTOCK」というように、五つのサンダルをぼくは使い分けている。

いずれにせよ、春夏秋冬、暑さ寒さを問わず、長旅にサンダルは必携なのである。

山までの靴——1

ソレルのブーツ

SORELのブーツ

東京に大雪が降った日、ぼくは銀座に向かうべく、家を出た。いつもは駅まで自転車で向かうのだが、この日は当然徒歩だ。道の途中で時間が止まったかのように斜めに立ち往生している無人の軽トラがあった。交通網は完全にマヒしており、道路を行く車もない。

ぼくはソレルのブーツを履いて出かけた。ソレルのブーツは最強の防寒靴である。靴底がゴムで靴のボディも柔らかいために、登山などには適さないのだが、雪の街を歩いたり、雪の中でちょっとした作業を行うための靴としては、他の靴と比べて実用的で、最も使いやすいと思っている。

ぼくがソレルと出会ったのは、厳冬のカナダである。22歳のときに、POLE TO POLEプロジェクトに参加して、北極から南極をおよそ一年がかりで縦断した。長い旅に出発する前に、冬のカナダの山中で仲間と対面し、スキーなどのトレーニングを行った。

そのとき支給されたのが、ソレルのナイロンブーツだった。ソレルのスノーブーツには大別して2種類ある。ボディに革を使用したものとコーデュラナイロンを使用したものである。革のブーツのほうが見かけもかっこいいし、使うにつれて足になじんでくる。加えて、ソレルと言えば「カリブー」というタイプをはじめ、革のスノーブーツのほうが有名だ。

一方、ナイロンは軽い。機能面では革のブーツとほとんど変わらないので、より実用性を求めるならナイロンのほうが、ぼくはいいと思っている。雪のカナダにおける生活や、南極滞在中にぼくはずっとソレルのナイロンブーツを履いていた。ぼくが使っているのはすでに廃番となったブーツだが、現行製品で言うと「ベアー」や「グレイシャー」（女性用だと「スノーライオン」）などと同型のものである。膝下までのビルトインゲイターがついていて、深雪でも雪が靴の中に入ってこない。

また、これはソレルのどの種類のブーツにも言えることだが、靴のインナーとして、着脱可能なフエルトのライニング（靴の裏張り）が入っている。これがすこぶる便利で暖かいのだ。フエルトは使い込めばこむほど足になじむ。万が一濡れても、フエルトライニングだけを取り外し、乾かせばいい。また、へたってきたらこのライニングだけを購入し、取り替えることができる。ぼくは何度かライニングを取り替えて、もう10年以上一つのブーツを愛用している。

他社のスノーブーツも機能的に優れたものはたくさん出ているが、インナーを取り外して乾かせたり、交換できるタイプのものは少ない。カナダやグリーンランドのホームセンターに行くと、ソレルの靴が棚に並べられていて、インナーのライニングが必ず常備してある。新しいフエルトのライニングがどこでも買えるということもソレルの強みだろう。これはソレルが1962年にカナダで誕生して以来、地道にユーザーを増やしたがゆえの強みである。日本でいう黒いゴム長靴のように、アウトドア用品店ばかりでなくスーパーマーケットのようなところでも売られるようになり、日常の道具として世界中の雪国の人に愛されてきたのである。

膝上まで埋まる本当に深い雪の中を行くなら、ソレルのブーツとスノーシューやカンジキを組み合わせるのがいい。相性は抜群で、どこまででも歩いていける。また、ぼくは使ったことがないが、ブーツに着脱可能な軽アイゼンもあったはずだ。ソレルのラバーボトムは滑りにくい構造になっているけれど、氷上での作業が多い方は、軽アイゼンをつけてもいい。

グリーンランドで出会った人々が、アノラック式の分厚いナイロンパーカーにシロクマの毛皮のズボン、足元をソレルのブーツで決めているのを見て、「ああこれが極寒の地で生きるスタイルなんだな」と思った。日本では、チャラい系の洋服屋に、おしゃれブーツとしてソレルが売られていることに違和感がないわけではない。本当は地方のホームセンターなどで、サイズごとに素っ気なく置かれているほうがかっこいいのにな、と思ってしまう。

何はともあれ、大雪の日でも、ソレルのブーツを履けば足元は快適そのものだ。逆に足元が濡れてしまうと、どんなに上半身に性能のいいダウンジャケットを着ても意味がない。雪を楽しみ、雪の中をずんずん歩き、万が一のときも足だけは守ってくれるスノーブーツとして、ぼくはソレルをオススメしたい。

山までの靴——2

ダナーライト

ダナーライトは、中学生の頃から最も多くの旅を共にした相棒である。グレゴリーのDay & Halfパックも同じ頃に買って長く愛用してきたが、今なお現役で頻繁に使っている道具という意味では、ダナーライトをおいて他にない。ぼくはこの原稿をチベットのラサで書いているが、今回のチベット旅行に履いてきたのも、この靴に他ならない。

ダナーライトがアメリカで発売された当時

Danner /
DANNER LIGHT

は非常に画期的だったゴアテックスブーティー（ゴアテックスを内側に内蔵した靴）だが、現在はたくさんの靴に採用されている。無論、機能面ではこの靴よりも優れたものがわんさか発売されているが、長年使ってきたこともあり、ぼくはこの靴からなかなか他の靴に乗り換えられないでいる。

ダナーライトの好きなところは、元祖ゴアテックスブーティーであるにもかかわらず、見た目はいかにも登山靴です、というシルエットをしていないことだ。トレッキングシューズは、登山やトレッキングのときにしか履く気にならないが、ダナーライトだったら、どんな旅にも持っていける。

ぼくはこの靴を2足履きつぶし、今は三代目となっている。先の二足も、ビブラムソールを2回ほど張り替えた末に、つま先部分が見事にパカっと開いてしまって、修理不能になったから買い換えた。ダナーライトの靴底はビブラムソールを手縫いしてあるので、底が減ってきたらアウトドア用品店などにお願いして、新しいものに張り替えることが可能なのだ。

この靴を買うときはサイズに注意したい。厚めの靴下を履いて余裕のあるサイジングをするのはもちろんのこと、靴幅によって「E」と「EE」があり、日本人の足にはワイズ（足囲）の広い「EE」のほうが合っている。ぼくも必ずこの「EE」を買うことにしている。こうした細かいサイズ選びができるのも、ポイントだろう。

ぼくはこの靴でアフリカ大陸最高峰のキリマンジャロに登頂した。まだ20歳そこそこの頃で、個人的な装備も全然整っていなかった時代である。アフリカを旅したその足でキリマンジャロに登ってしまったわけだが、5700メートルの頂でもダナーライトに不満はなかった。6000メートル以下の山にはどうにか登れてしまう靴なので、今まで本当に世界のあらゆる場所で使用した。

この靴を履いて旅する楽しみの一つに、靴の修理や靴磨きがある。極端にハードな使い方をしてしまうので、時折、革と化繊を縫い付けている糸がほどけてしまったり、土埃や泥に足を突っ込むなどして無残に汚れてしまったりする。そのときはいつも現地の靴職人の手に、ダナーライトを預けてみるのである。

例えば、インドのダージリンでは、路上の靴磨きのおじさんに修理を頼んだ。革部分を縫い付けている糸がほつれて指が入るような隙間ができてしまったのである。おじさんに修理できるか尋ねると自信満々に「できる」と言う。側面のほどけた縫い目を、おじさんは糸と針で丁寧に縫い直してくれた。「ついでに靴も磨いていけ」と言うので、磨いてもらうことにした。

ぼくのダナーライトは、今までいろいろな国の靴磨きの手によって、磨いてもらっている。

エチオピアで磨いてもらった後はオレンジ色になり、ネパールでは黒に近い焦茶色になった。アジアやアフリカではガソリンを混ぜた妙な靴クリームを使っているので、革が変色してしまうのだ。ダージリンではどんな色になるのか楽しみにしていたが、案外、普通にピカピカになった。脇目もふらずに靴底まで黒いクリームを塗っているおじさんを見て、「すぐに汚れるから靴底はいいです」とは言えなかった。

とにかくぼくの靴はこうやってその時々に生まれ変わっているのである。靴がきれいになると足どりも軽くなる。どこにでも歩いていけるような気がしてくる。今いるチベットでも靴を磨いてもらおう。そうやって自分だけのものになった靴は、旅を重ねるごとに体の一部になっていくのである。

靴下

靴下にすぐ穴があく。かかとのすり減りが早いのは、自分の歩き方がおかしいのだろうか。かかとの次にすり減りが早いのは、足の指の付け根の下にある、最も地面と接触するあの部分だ。あそこを何と呼べばいいのかわからないのだが、かかとの次に減りやすいのはとにかくその部分である。

2000年に北極から南極へ旅した頃から、スマートウールの靴下を愛用している。素材まで研究したことはないが、ウールと化繊の良い部分を組み合わせた靴下だと勝手に思っている。実際スマートウールは、外国人の多くの登山家にも使用されており、極地における信頼性は絶

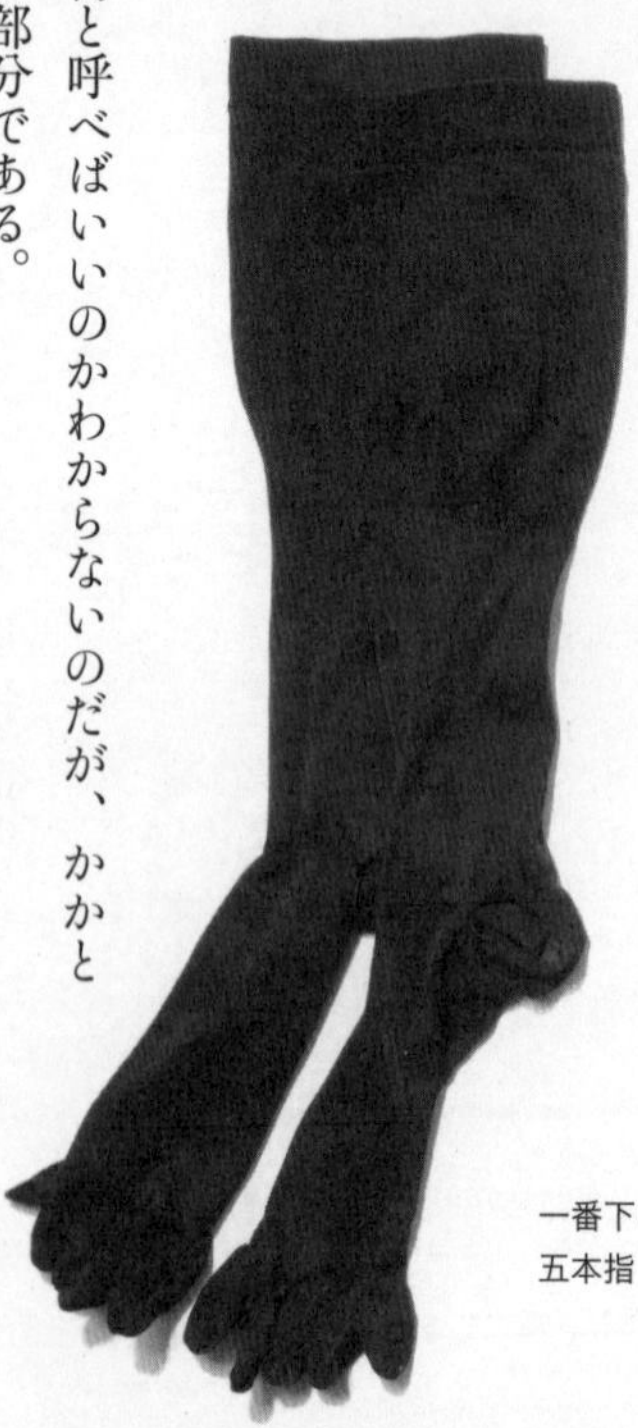

一番下に履く薄い
五本指ソックス

大である。

問題は、使うたびにどんどんすり減っていってしまうこと。いつも皮膚が見えるくらいまで履きつぶしてしまうのだが、それはスマートウールの問題ではなく、ぼくがハードに履きすぎているだけだろう。

旅先では、靴下を酷使する。同じ靴下を洗濯しながら何度も何度も履くので、指の跡が靴下に残る。だから右と左を交互に履いて、少しでも摩擦を減らしたり涙ぐましい努力をしていたこともある。

靴下を洗濯した後、ストーブの上で乾かしているときに、熱で穴をあけてしまったことも何度かある。まだ新しいものだったので捨てるには忍びなく、継ぎ当てをして今も使っているのだが、あのときは悲しかった。

ぼくは継ぎ当てをした靴下をよく履いている。そんなことを公言するといかにも貧乏な人のように思われてしまうかもしれないが、ハードな登攀《とうはん》でなければそれで十分なのだ。本

五本指ソックスの上に
履くアンダーソックス

テント内でリラックスするときに履くフリースの靴下

当に吸湿性や乾燥性が必要とされるフィールドで、ぼくは新品に履き替える。靴も重要だが、靴下はさらに重要な道具である。綿のソックスなどを使おうものなら、高所ではあっという間に凍傷になるだろう。

トレッキング程度だったら靴下は1枚だけだが、高所登山では薄いアンダーソックスの上に、太めの靴下を履いている。さらに8000メートル峰のサミットプッシュに際しては、薄っぺらい五本指ソックスを一番下に履き、その上にアンダーソックス、その上にスマートウールの極厚を履いたりもする。今のところ、それで凍傷になるなどの不具合はないので、これからもそのように履き分けていくと思う。

無論、靴下の材質や厚みにこだわるのは旅先だけだ。普段、街で履く靴下は、知り合いからもらった柄の入った普通のものを履いている。ぼくにとって裸足に靴を履くという石田純一さんスタイルなどもってのほかである。長く歩くため、凍傷にならないため、靴の機能と足の機能を最大限に発揮するためにも、最良の靴下を選びたい。

ぼくが尊敬してやまない日本のブリコルール、猪谷《いがや》六合雄《くにお》は、自分に合う靴下がないと言って、晩年は靴下作りに執心していた。猪谷さんは日本で初めてスキーを使って雪上を滑った人でもある。山を知り尽くした彼が靴下にこだわったその気持ち、ぼくにはわからないでもない。

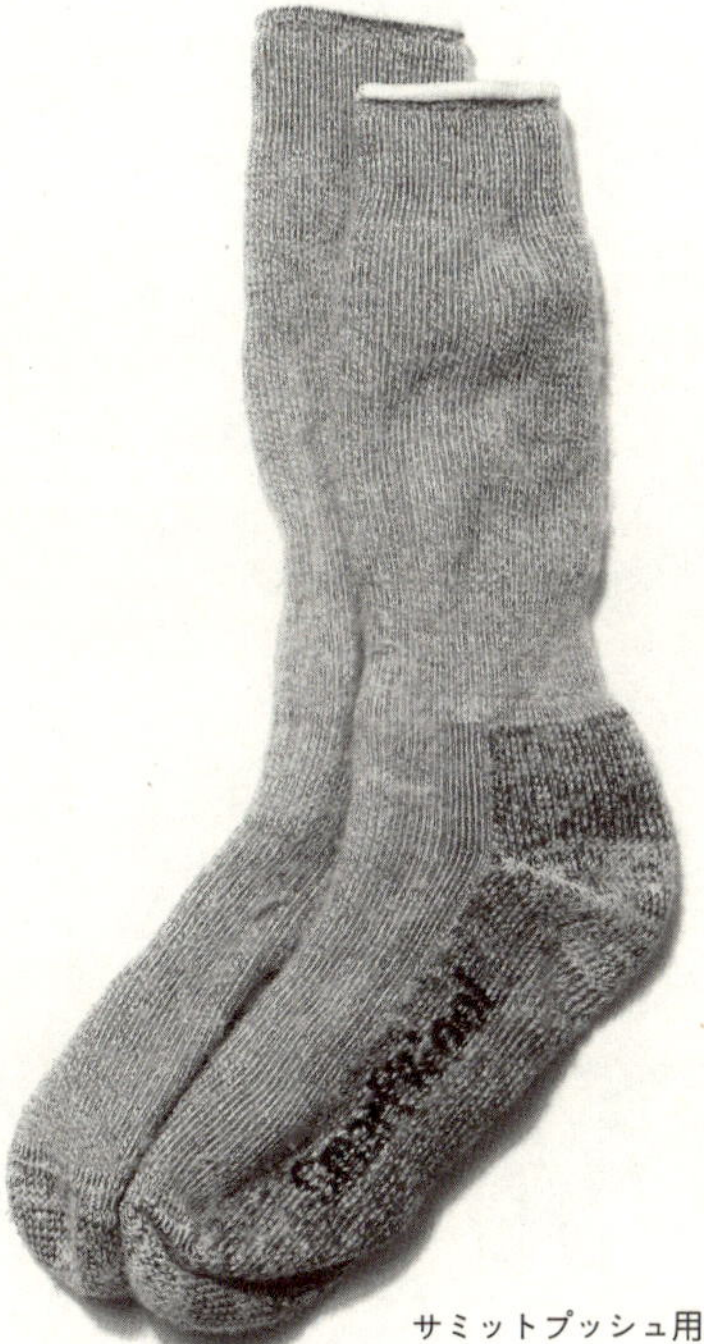

サミットプッシュ用の
極厚スマートウール

Tシャツ

高所順応が終わり体が慣れてくると、太陽が照りつけたときに暑いと感じるようになる。長袖でいつも肌を隠していると息が詰まるから、そんなときは気分転換にTシャツを着る。Tシャツの柄や色で気分もがらっと変えられるので重いものでもないし何枚か持っていく。

パーカー

遠征中、余裕が出てくると日常に近い洋服を着たくなる。限られた人たちしかいないとはいえ、服を変えるだけで会話まで変わったりもするのが面白い。息抜きのための一着。

ZERO POINTの
アンダーウェア上下

アンダーウェア

普通のコットン下着では上に着るゴアテックスの機能が活きないので、発汗性と保温性を兼ね備えた化せんの下着を身に着けている。昔からモンベルのゼロポイントのアンダーウェアを愛用しており、一番薄い上下はどんな旅でも必ずザックの中に入れてきた。

パンツ

遠征中は下着を毎日替えてはいられないけれど、とりあえずスマートウールが作っている、乾きやすく汚れにくい下着を使っている。4〜5着は持っていく。ネパールやパキスタンの街角で買った激安の下着を何枚も持っていって使い捨てをしてもいいのだが、自分は高機能な下着を洗いながら穿き替えるタイプだ。

SmartWoolの下着

バックパック

シンプルなデザインのこのバックパックを購入したのは、ぼくが14歳、中学2年生のときだった。あの頃、自転車に乗って一人旅に出ることを思い立ったのだが、装備を入れるための丈夫なバックパックを持っていなかった。小学校の夏休みに使ったリュックサックでは心許なかったし、友人と遊びに出かけるためのナップザックでは荷物が入りきらない。しっかりしたザックがどうしても欲しくなり、アウトドア雑誌などを読み漁って自分なりに研究した結果、「グレゴリー」の製品にしようと決めた。今は直営店のグレゴリーストアが東京にできて多くの人が知るブランドになったが、当時は新宿の小さな店に数種類の品物が置いてある程度の存在だった。

新宿の専門店に行き、自転車に乗って数泊の旅に出ることを店員に告げると、彼は「Day & Half」という名がついた黒いバックパックを勧めてくれた。文字通り、一泊二日くらいの旅に

GREGORY / Day & Half

ちょうどいい大きさという意味だろう。値段は3万円を超えていて、中学生のぼくにとっては覚悟を強いられる高額な買い物となった。

　素材は頑丈な黒いナイロンでできており、メイドインＵＳＡなので縫製も信頼できる。重量は８８０グラム、33リットルの容量があり、数泊程度の旅には必要十分な大きさだった。最近はテクニカルなバックパックが増えたが、このようなシンプルなバックパックが今も好きなのは、最初にグレゴリーの「Day & Half」と出会ってしまったからかもしれない。

　お年玉貯金をおろしてやっとの思いで購入したこのバックパックは、今日まで大切に使っている。肩にあたる部分の糸がようやくほつれたのは15年ほど使用した後の話である。以後、何度か修理を繰り返しながら、結局20年以上現役の道具となった。いくら物持ちのいい自分でも、これだけ激しく使っていて20年以上つきあった道具は他にないかもしれない。

　このザックと一緒にぼくはさまざまな場所へ行った。人生初の海外一人旅となった高校2年でのインド旅行にはじまり、山、川、海、フィールドを問わずどこでも活躍してくれた。アフガニスタンの旅で、移動時にトラックの荷台にこのバックパックを載せてもらったときのこと。所有者を判別するためという目的で、バスの運転手が黒のマジックペンを使い、大切なザックの表側に大きく「日本人」と書いてしまったことがある。それはもちろんアラビア語か何かの文字で、いきなり自分の荷物にそんなことを書かれたものだから怒る間もなく呆然としたものだが、幸い、雨の日も雪の日も使っているうちに、今ではもうほとんど消えている。

チョモランマにもこれを背負って登っている。町からの移動を含めて2ヶ月以上という期間の最後の最後、小さな酸素ボンベとカメラなどの最低限の装備を背負っていく頂上アタックに使用したのも、このバックパックだった。8300メートル地点から頂上の8848メートルにいたる長い一日は使い慣れたザックで行こうと決めていた。といっても、このようなクラシックなバックパックでチョモランマの頂上に登った人は、最近ではいないのではないか。

チョモランマの頂上に滞在した時間はおよそ20分にも満たなかった。ぼくが2ヶ月間かけて登ってきたチベット側からの行程が後ろに見え、前には初めて見るネパール側のルートが見下ろせる。ようやくたどり着いた先に見えた遥かな道のりへ再び向かったのは、その10年後のことである。そのときにはさすがに「Day & Half」を頂上に持っていくことはなかったが、今でも小旅行や重い資料を持ち運ぶときなどには使っている。チョモランマを共にした相棒を手放すことなどできない。今もこれからも、このバックパックはまだまだ現役で活躍してくれるはずだ。

アタックザック

一概にバックパックと言っても、様々な用途が存在する。グレゴリーの「Day & Half」はその名の通り一泊程度のトレッキングや小旅行を想定して作られており、本格的な登攀《とうはん》にあのようなバックパックを使う人はまずいない。「このようなクラシックなバックパックでチョモランマの頂上へアタックした人は、最近ではいないのではないか」と書いたけれど、まさにその通りである。

なぜ本格的な登攀にあのようなザックが使われないのだろう。まずは重さの問題がある。グレゴリーの「Day & Half」は、防弾チョッキにも使われるバリスティックナイロンを使用して作られている。つまり極めて頑丈なのだ。しかし、登攀に用いるザックには、ある程度の強度は当然必要だとしても、それ以上の強度を求めるよりは、軽さのほうが重視される。

第二に、形の問題がある。岩場などでの動きを妨げないように、登攀に用いるザックはスリムで縦長だ。一方で、グレゴリーの「Day & Half」をはじめ、通常のデイパックはどっしりと背中を覆うような形になっている。繊細な動きを要求される登攀には不向きなのである。

だから、平地を旅するときと、登攀がメインの遠征で使うザックは、分けられて然るべきである。ぼくが最近の遠征で使っているザックは、ノースフェイスの「プロフィット52」と決めている。このザックは、コンラッド・アンカーというアメリカの登山家らのアドバイスの元に生まれたもので、実践的でとても使いやすい。

途中までアイゼンなしで進み、途中からアイゼンを装着する場面などでは、正面に付けられたポケットにアイゼンを入れて運べば便利だ。そして、スキーやピッケルも問題なく装着でき、何より便利なのは、雨ブタがザックの内側にしまえることである。その名の通り、このザックは50リットル〜60リットルの容量があるのだが、これを目一杯にして使う場面は多くない。荷物が少ないベースキャンプまでのアプローチなどでは、雨ブタをザックのなかにしまいこんで使うと、いちいちバックルを留めずにザックを開け閉めできて簡単だ。雨ブタは取り外すこともできるが、取り外すとまた付けるのが面倒なので、ぼくは取り外したりしないで、そのままメインの空間に突っ込んでしまう。ザック内に入っている荷物が少ないときでも、不格好にならないので、いい。

胸のストラップにあるバックルに笛がついていることに最近気が付いたのだが、この笛はまだ使ったことがない。というか、「こんな笛をいつ使うのか」と思ってしまうのだが、雪崩にあったときや助けを求めるときにはきっと便利なのだろう。こういう「滅多に使わないけど、使うかもしれない」的な機能に道具好きはくすぐられてしまうのである。

２０１１年のエベレスト、２０１２年のマナスル、２０１３年のローツェと、ここ最近はこのザックで立て続けに８０００メートル峰に登頂した。エベレスト街道などのトレッキングでも役に立っている。どんなザックでも慣れると使いやすいものだが、このザックは特に使いやすい。まだしばらくは、この「プロフィット52」を使ってヒマラヤ通いが続きそうだ。

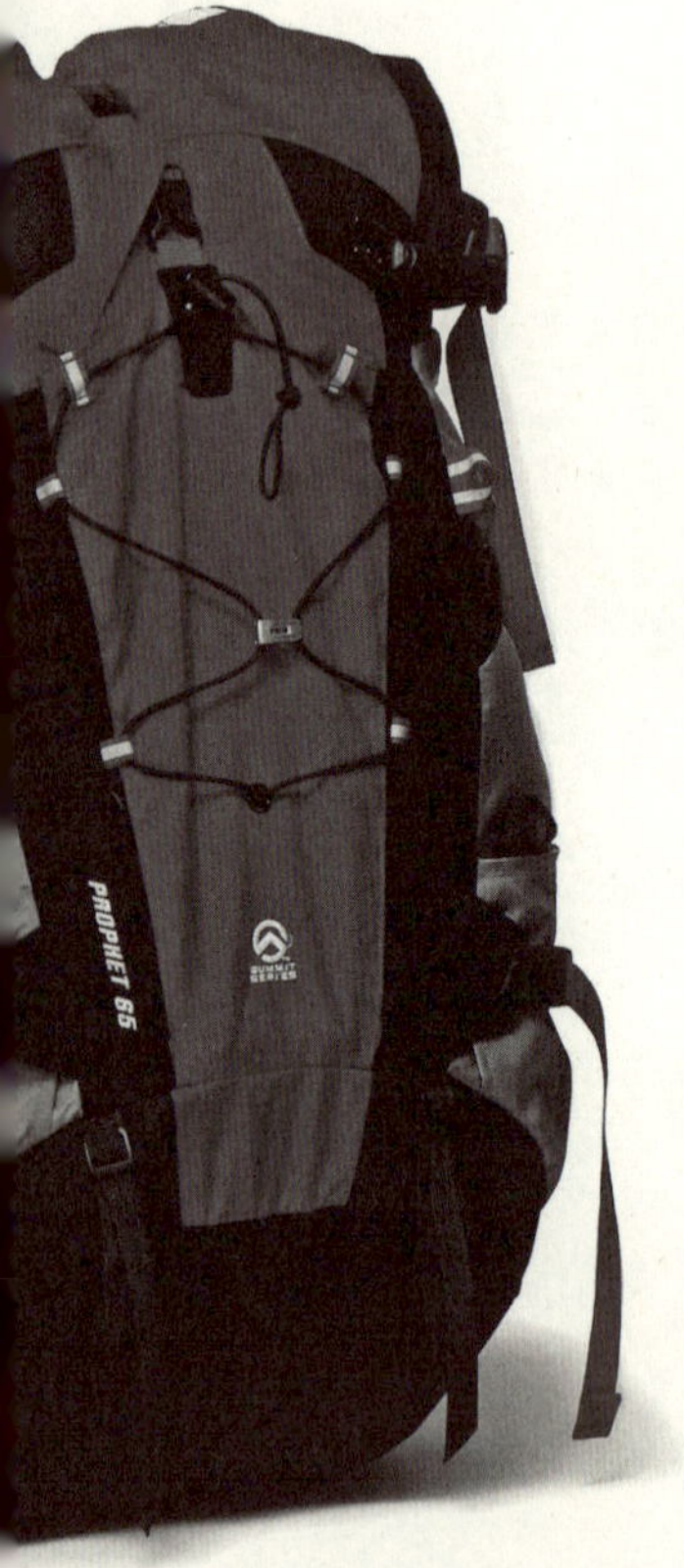

THE NORTH FACE /
PROPHET 65

THE NORTH FACE /
PROPHET 52

ドラムバッグ

ぼくはスーツケースを持っていない。今まで35年間の人生の中で、スーツケースを使ったのは、たった一度きり。中学3年生のときに行ったアメリカ旅行である。

これまでインタビューなどでさんざん「最初の海外一人旅はインドとネパールだった」と公言してきたので、石川が初めて行った海外はインドだと思っている人も多いだろう。しかし、それは正しくない。初めての海外「一人旅」はインドとネパールだった（正確に言えば、バンコクで降りて、カオサンロードのチケット屋でインド行きの安い航空券を買ったので、タイ、インド、ネパールの三国ということになる）が、それはあくまで一人旅の話である。団体旅行ではあったけれど、初めて行った外国は、アメリカなのだ。

中学3年生のとき、学校が企画した研修旅行のようなものに参加して、ニューヨークなどを見てまわり、ボストンの郊外でホームステイをさせてもらった。つまり、それがぼくにとって生まれて初めての海外経験ということになる。

出発前に学校から「持ってくるものリスト」を提示され、その中に「スーツケース」と書かれていた。当然のことながら、スーツケースなど持っていなかったので、当時は親に借りてアメリカ旅行に持参した。しかし、スーツケースを使ったのはその1回きりで、あれから二度とぼくはスーツケースに触れることはなかった。理由は「使いにくい」その一言に尽きる。

海外旅行と言えば、誰もがスーツケースを持っていくことが半ば常識となっている。が、ぼくはこの風潮というか習慣に、真っ向から異を唱えたい。正直なところ、なぜみんなスーツケースを使うのか、ぼくには理解しがたいのである。スーツケースは、重いし、持ち運びがしにくい。持ち手を長く伸ばしたスーツケースをガラガラと引きずっている姿は一見スマートっぽくも見えるが、あんなのは、床が平坦な場所でしかありえない光景である。車輪がきちんと回転するから引きずれるのであって、土や砂や水たまりや段差がある道には滅法弱い。歩道橋の階段を登らざるをえなくなり、息を切らせてスーツケースと格闘している人を見ると、なんでそうまでして使うのか、と思う。また、辺境の空港に降りたって凸凹道を何度もつっかえながらスーツケースを引っ張っている女性を見たときは、彼女がそれを使っているのではなく、スーツケースに使われているようにさえ見えたものだ。

スーツケースは車やバスやタクシーなどに乗って移動することを前提に作られた他力本願な代物で、一人で大地を歩く旅には持っていってはいけない。だいたい「スーツ」の「ケース」なんて、旅に不要だ。パソコンやカメラは手荷物として機内持ち込みをするわけで、本当にハードケースで包み込まねばいけない道具など何もない。文字通り大事なスーツを入れて運ぶ人はいいと思うが、スーツなんて持っていきもしないのに、あんな大仰なハードケースを持って海を越えるのは、間違っていないか。

かといって、バックパックはイヤだ、という人も多いだろう。最近のバックパックは、腰骨にあてるベルトが立派だったり、ストラップがやたらと付いていたりして、登山やトレッキングでもない普通の旅行に持っていくには無駄なものが付きすぎている。荷物の出し入れも面倒だし、ヤクやロバなどの動物に運んでもらうときも、重心がとりにくいのでポーターに嫌がられるという難点がある。バックパックはあくまで背負うものであり、動物にくくり付けることには向いておらず、軽量であることが重視されているために、飛行機に預ける荷物として乱暴に扱われることにも向いていない。

そんなときに便利なのが、ドラムバッグである。道具を入れたりするので、キットバッグとも呼ばれている。防水の頑丈な生地でできており、荒っぽい使い方をされても、破れたり中の

THE NORTH FACEのドラムバッグ

荷物が壊れたりすることはまずない。また、持ち手の部分に肩当てがついているので、荷物が重いときはバックパックのように両肩を使って背負いながら運ぶこともできる。床置きに適している一方で、ドラム缶のように縦に立てて置くこともできるので、電車内でもそんなに面積をとらないのがいい。

こうした良いことずくめのドラムバッグの中で、最も使いやすいのがノースフェイスとグレゴリーのそれである。サイズもS、M、L、XLと用途に合わせて異なるサイズが発売されている。ノースフェイスもグレゴリーも同じくらい使いやすいのだが、ここではノースフェイスのドラムバッグを紹介することにしよう。グレゴリーになくてノースフェイスにあるのは、名札代わりの名刺やカード類が入る上蓋のポケットくらいで、あとはたいして変わらない。

ノースフェイスのドラムバッグは日本ではあまり見かけないが、例えばエベレスト街道などに行くと、ニセ物も含めて、外国人の登山客がこれを使っている姿をよく見かける。肩で担ぐのではなく、頭で荷重を支えるシェルパにも、バックパックに比べて運びやすいと好評である。バックパックのナイロン生地は砂埃が付きやすく、水にも弱いが、このドラムバッグははたけばすぐにきれいになるし、雨や雪にも強い。そして、ぶん投げられても耐えてくれるだけの頑丈さを兼ね備えている。

バックパックをヤクにくくり付けると臭くなったりするものだが、ドラムバッグは生地の性質上、においが付きにくい。また、荷物を取りだしてテントの底に敷けば、テントシートのようにも使える。開閉部はダブルジッパーになっており、南京錠が付けられるので、防犯の観点からもバックパックの上をいく。

ドラムバッグは、スーツケースのようにハードすぎず、バックパックのように使い方を限定しない。旅の道具としては、非常に優れたバッグであり、ぼくの旅には、これが欠かせないのである。

ノースフェイスのドラムバッグは色もサイズも豊富。アマダブラム遠征にて。

100リットル近いパタゴニアのダッフルバッグ（右）もたまに使っている。人が入るんじゃないかと思うほど大きい。左はノースフェイスのドラムバッグ。

サングラス

サングラスは雪山に行く人にとっては必需品である。「持っていったら便利」などというレベルではない。持っていかなければ行動できなくなってしまう。それほどサングラスは重要な道具なのだ。

晴れた雪山でサングラス無しで行動すると、「雪目《ゆきめ》」になり、「雪盲《せつもう》」になってしまう。雪面に反射した太陽光が網膜を焼いてしまうことによる炎症の一種らしいが、とにかく雪目になると地獄の苦しみを味わうことになる。目玉を針で刺されているような痛さで、涙が止まらなくなり、目を開けることすらかなわない。

20歳のとき、ロシアのエルブルースという山に登り、ぼくは生まれて初めて雪目になった。エルブルースには一人で行った。ロシア語もロクにわからないのに、モスクワからバスを乗り継いでコーカサス地方にたどり着き、無我夢中でエルブルースにたどりついたのだ。登頂を果たした後、下山中に目が痛くなりはじめ、あっという間に目が開けられなくなった。「これが雪目か……」と思ったときにはすでに遅かった。その頃のぼくは紫外線についてあまりにも無知だったのだ。

その後は薄目状態でどうにか下山し、即座にテントにこもると、ずっと目を閉じて寝ていたのを思い出す。目薬もなかったので、ただただ目を閉じることしかできなかった。あれ以来、雪山では片時もサングラスを手放さない。

特に高所では紫外線の量が増大し、300メートルごとに5パーセント増えるという話もある。肌の日焼け対策ももちろん重要なのだが、その前に「目」である。サングラスのレンズはもちろんUV100パーセントカットのもので、特に横からの光もガードできるタイプを選ばないといけない。日本だとオークリーやブリコなども有名だが、ぼくはケーノンというメーカーのサングラスを好んで使っている。ケーノンは知り合いのガイド、エイドリアンが愛用しており、彼に教えてもらった。ヒマラヤでは随分乱暴にこのサングラスを使っているが、全然壊れる様子もなく、その性能を十分に発揮してくれている。

ちなみに風が強いときはゴーグルをすることもあるのだが、そんなに風が強くないとき、あるいは6000メートル程度の山では、ゴーグルではなく、ほとんどサングラスで済ませてしまう。なくしたときのために、ベースキャンプには常に予備を用意して、念には念を入れている。

　雪や氷について、誰よりも知識を蓄えている北極のエスキモーやイヌイットも今はサングラスを使っているが、昔は木でできたサングラス、というかアイガードを使っていた。土偶の目のようになったそれは、木に横一文字の切れ目が入ったもので、風に舞う雪氷や強い紫外線から目を守ってくれる。パーカーのフードの縁に縫い付けられた動物の毛皮も同じ用途である。あの毛の隙間から世界を眺めることで、風雪や紫外線から目を守るのだ。こうして雪と暮らす人々は、古くから紫外線とどうにか付き合ってきたのだ。

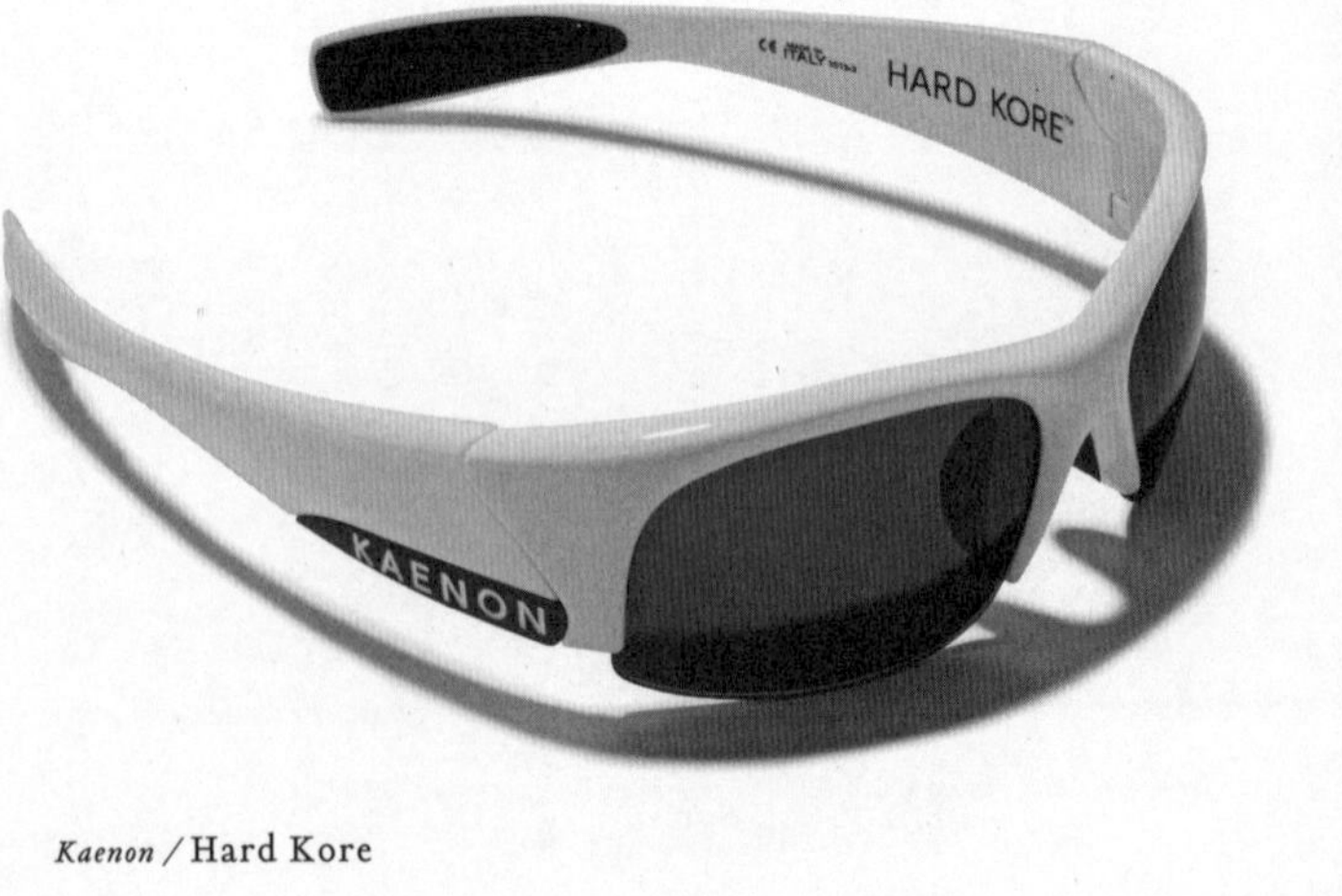

Kaenon / Hard Kore

植村直己さんの『エベレストを越えて』に出てくるサングラスの描写がぼくには強く印象に残っている。日本人初となるエベレスト登頂直前、植村さんが着用していたサングラスはすぐに曇って視界を悪くしてしまう。そこで植村さんは、雪目になる覚悟をしてサングラスを外し、その代わりに良好な視界を得るのだ。日本人初のエベレスト登頂という栄誉が得られるならば、雪目になって苦しんでもかまわない、と。そして彼は見事登頂に成功した。

その本に、下山中に雪目になったという記述はなかったと記憶している。植村さんはベースキャンプで泣いただろう。それは登頂の嬉しさからなのか、目を焼いた痛みからなのかはわからない。サングラスを外し、目の痛みと引き替えに一時の良好な視界を求めた植村さんの気持ちはよくわかる。登頂することと目の痛みを天秤にかけることはできないが、雪山でのサングラスの着脱はある決断を強いられることは間違いない。決して失ってはいけないもの、それがサングラスである。

目出し帽

目出し帽、別名バラクラバ。目出し帽と聞くと、銀行強盗がかぶるような目のところに穴のあいているマスクを想像するかもしれないが、それは違う。頭からかぶって耳やこめかみを覆い、さらに顎や首のあたりまでカバーしてくれるマスクのことだ。顎のあたりは緩く作られていて、文字通り目の部分を残して、鼻のあたりまで隠すように使用することもできる。この場合は、呼吸がしにくくなるので要注意だが、そのことをふまえて鼻や口のあたりをゆったりと作っている目出し帽も多い。

これはニット帽などに比べると圧倒的に暖かい。だから平地で使用することは滅多になく、ぼくはいつもここぞというときにしかかぶらない。北極や南極をスキーで歩いていて吹雪に遭遇したときや、高所登山のサミットプッシュのときなどだ。

目出し帽にはいろいろな種類があるが、ストレッチフリースや伸縮する化繊でできたものが

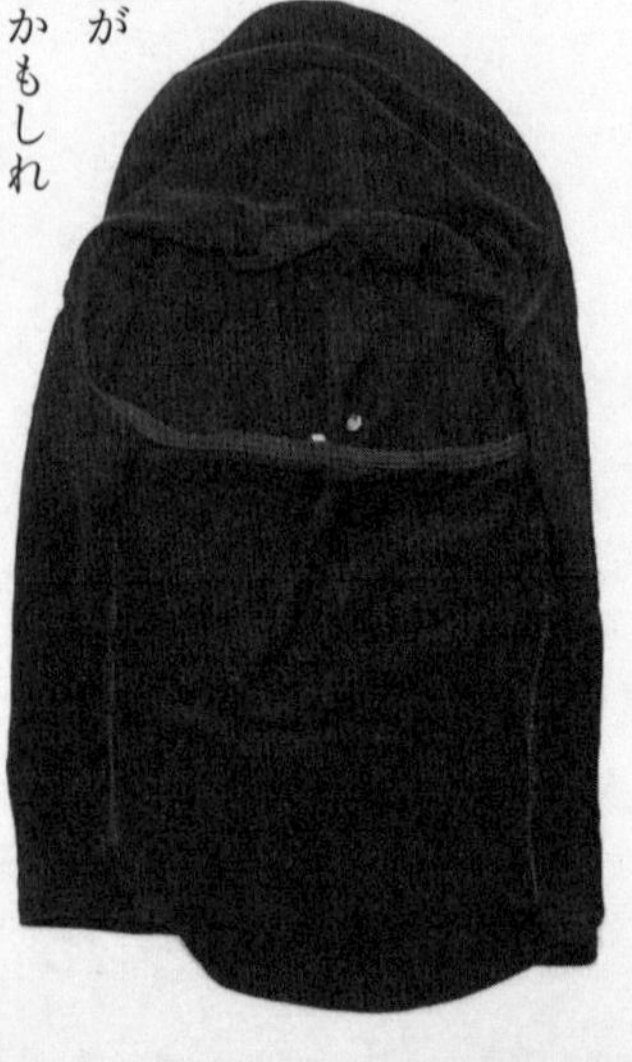

patagoniaの目出し帽
※現在は生産中止の型

オススメである。人それぞれ頭の形があるだろうから、各メーカーのものをかぶってみるといい。ぼくはだいぶ前にパタゴニアが出していた、極薄のストレッチ素材を使った目出し帽を愛用している。

生地が厚いタイプのものは、オーロラ観察をはじめ寒い時期にじっとしていなければならないときに向いているが、やはりどうしても暑い。厚手の目出し帽は行動中には使いにくいので、薄手のほうが応用できていいだろう。薄くて十分に暖かいと感じられるはずだ。

目出し帽は、暑ければ耳のあたりまでめくりあげて、ニット帽のように使うこともできるし、本当に寒いときに眠る場合などは着けっぱなしにしていてもいい。ヘルメットの下にもかぶれるし、その上にさらにニット帽をかぶることもできる。寒冷地において一つあれば大変使い勝手がいいアイテムの一つなのだ。

ただ一つぼくがリクエストしたいのは、色である。各メーカーが目出し帽を作っているが、色が黒しかない。単色でいいので色を選べるようにしてほしいし、柄のある目出し帽もそれはそれで使い手があるに違いない。

かさばらないので、雪のある場所に行くときは、ザックのどこかに必ず忍ばせる道具、それが目出し帽である。

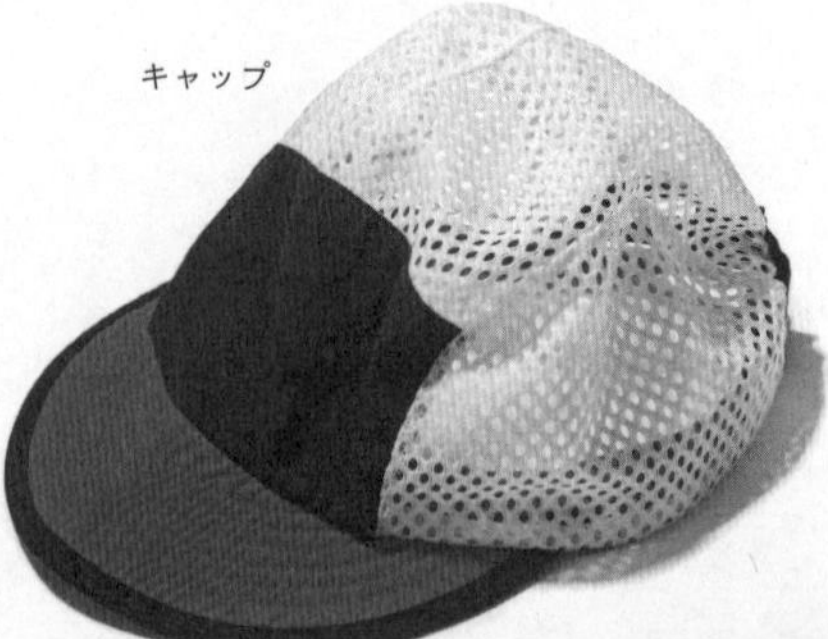

キャップ

ニットキャップ

帽子

転倒したときのケガ防止、そして防寒のためにも、頭を隠すのは重要。キャップは、トレッキング中でも高いところでも、あらゆる場所でかぶっている。ニットキャップは逆に暑すぎる場合があるので、５０００メートルより上で使うことが多い。いくつか帽子は持っていって、その日の気分で使うものを選んでいる。

腕時計

正確な時間や日にちを知る唯一の術なので、予備を含めて二つの腕時計を持っていく。日の出と日の入りで大体の時間はわかるが、具体的な時間はやっぱり時計なしではわからない。また、山に長くいると、時間や日付の感覚がなくなる。土曜や日曜といった休日がない生活だから、曜日の感覚が特に薄い。いまが何月何日何曜日かを知ることができるのは重要な事だ。ぼくはスントやセイコーの標高なども計れるものを使っている。

SEIKO /
PROSPEX Alpinist

色々な用途に使えるネックウォーマー

ネックウォーマー

防寒機能はもちろん、首だけでなく顔まで覆うことができるので、トレッキングの最中や、6000メートルぐらいまで登るときのマスクがわりにもなる。これは山雑誌が家に送られてきて、その付録で付いていたもの。

ストレッチフリースの薄手のグローブ

手袋

一番下のアンダーグローブは穴があきやすいので複数予備を持参。その上にストレッチフリースのグローブ。さらに上にオーバーグローブ。ロープを使うときに、ダメなグローブだと火傷してしまうから、きちんとした革製のグリップ力のあるグローブを使う。とはいえ、2〜3回の遠征で使うとだいぶボロボロになる。

Black Diamond /
ソロイスト ロブスター

ゴアテックス+合皮のオーバーグローブ

赤いヒモ

願掛けはしないほうだと思う。寺社仏閣に行ってお参りしても、よっぽどのことがない限り、具体的な願いを祈りに込めることはない。願いがかなわなかったとき、あるいは逆のことが起こったときなどに、「あの願掛けはいったい何だったのか……」と思いたくないからだ。だから、お参りで手を合わせるときは、その神さまの空間に入らせていただくことへのご挨拶だと考えている。

何かの試験前だとか、長旅や遠征に出る前に神社で祈願したという記憶もほとんどない。そんな自分だが、ヒマラヤ登山における「プジャ」という祈りの儀式のときだけは、真面目に手を合わせ、登山の安全を祈ってきた。

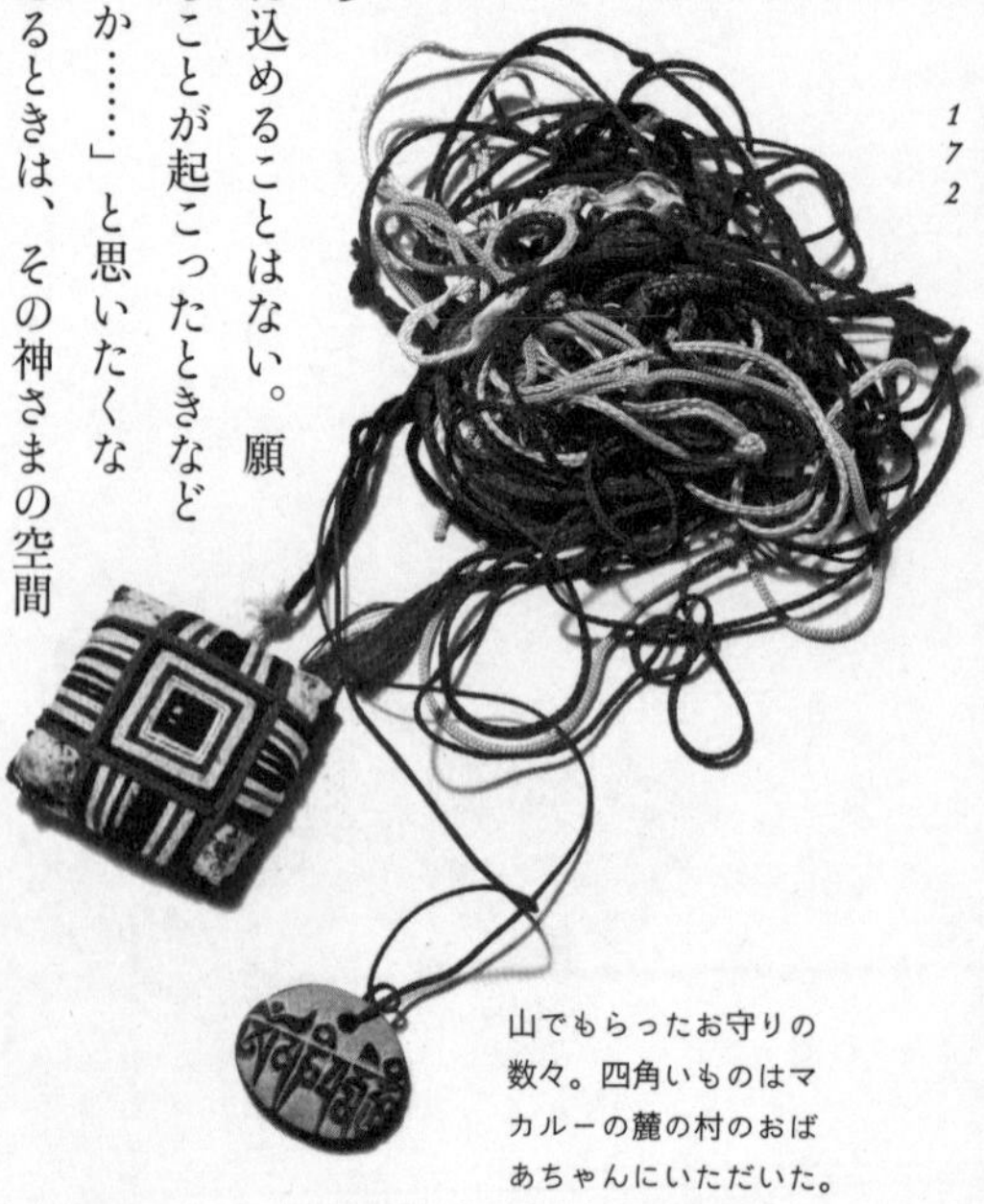

山でもらったお守りの数々。四角いものはマカルーの麓の村のおばあちゃんにいただいた。プジャでもらったヒモはすべて大切に保管している。

「プジャ」とは、祈りや祈願、それにまつわる儀式のことである。インドやネパールで使われている言葉で、ヒンドゥー教でも仏教でも、ある節目や暦上必要な日にそれを行う。ぼくがこれまで体験した数々のプジャは、すべて登山前にベースキャンプや麓の村の寺で行われていたが、家に僧侶を招くなど各家庭のやり方でお供えやお祈りをするのが常である。

登山開始前に行うプジャは村から離れたベースキャンプに祭壇を設けて行うことが多いので、村からラマ僧を呼び寄せることもできず、僧侶の経験を持つシェルパなどがプジャを執り行うことになる。開催する日取りはチベットの暦を見ながらシェルパたちが決める。登頂する日などもその暦を考慮するので、シェルパたちにとってチベット仏教の暦は大変重要なものなのだろう（シェルパの名前は生まれた曜日によって決まる場合も多いので、そのこと一つをとってみても、彼らが暦を重要視していることがわかる）。

ちなみにチベットの暦がわかるスケジュール帳のようなものが、カトマンズの仏教聖地ボダナートで売られていて、ぼくの知っている信心深いシェルパは、一年に何度かお参りに行ってその手帳を買い求めるという。日本でも離島や山間部などでは旧暦にしたがって祭祀儀礼の日取りが今も決められており、自然に近いところで暮らしている人々ほど、季節や暦に敏感である。農作物の収穫など、暦が生活と関わっているので当然と言えば当然のことだ。

ともかく、こうしてプジャが行われて初めてシェルパたちはベースキャンプより上のルート工作を開始する。逆にプジャが終わっていなければ、彼らは動こうとしない。だから、プジャは本当の意味での登山開始を告げるホイッスルのようなものである。それも、登山者のためというよりは、シェルパ自身のための儀式という色合いが強い。

プジャの終わりに、儀式の参加者はシェルパも含めて全員が赤いヒモを首にかけてもらうことになる。インドでヒンドゥー教のサドゥー（修行僧）などに祈ってもらうと赤い糸の束をもらったりするのだが、たいていは手首にそれを結ぶ。手に赤いヒモを付けたシェルパは見たことがないので、チベット仏教では首にかけることになっているのだろう。

このヒモこそ儀式を終えた証であり、お守りとして大切にされる。シェルパのなかにはこの赤いヒモを集めている者もいて、ヒモを1本なくしたと言って、落ち込むシェルパもいるほどだ。ヒマラヤ登山をするごとにヒモをもらい、さらに寺を訪ねたときにもヒモをもらえることがあるので、ぼくの手元にも、赤いヒモが何本もたまってきた。

シンプルな赤いヒモは、首に着けていることさえ忘れてしまう空気のような存在だが、ときたま首筋に触れてその存在を確認すると、山の神さまに守られているような気がして、なんだか心強いのだ。

Red string

登山を始める前に行うプジャの儀礼でシェルパや僧侶からもらう赤いヒモ。

山暮らしの小物

山での一日の暮らし（2015年K2登攀の記録より）

長期にわたる高所登山の場合、低所にベースキャンプ（BC）と呼ばれる拠点になる場所を作り、そこからC1、C2、C3…とキャンプ地を設営していく。数字が大きくなるほど山頂に近づく。ベースキャンプではいちばん安定した生活を送り、頂上へ向かう期間は天候や体調によって生活のリズムが大きく変化する。

ベースキャンプでの代表的な一日

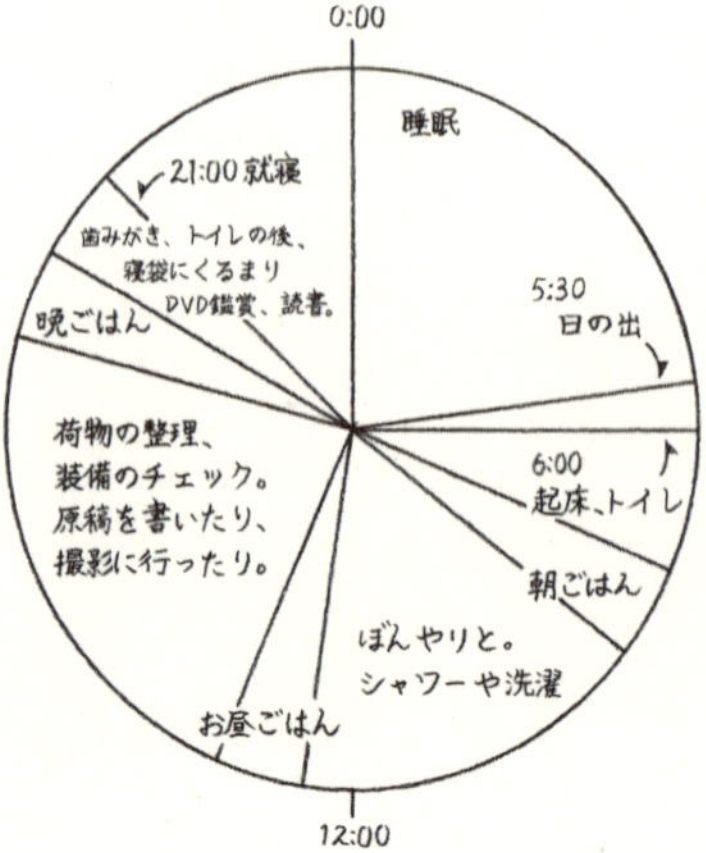

2015年7月10日　BC

天気が崩れ始めている。シェルパたちも出発をとりやめ、ぼくたちもBCに留まっている。K2やブロードピークは雲の中に隠れて、見えない。14日頃まで天気が不安定だという。しばらくのあいだ、BCにいることになるかもしれない。

「ほぼ日」の事務所でいただいたセーターを毎日着ている。三國万里子さんが手で編んでくれた素敵なセーターで、とても気に入っている。なんというか「おれはいまBCで普通に生活しているのだ」という気分になれていい。ひーふー言いながら登っている日々とテント内でぼんやり休む日々。オンオフの分け目がきっちりある、というのは、こういう単調な日々では実は大切なことなのだ。セーターがそのスイッチになっている。

2015年7月26日　BC▼C2

2時、起床。3時、出発。暗闇の中、ヘッドランプのあかりを頼りにモレーン上を進む。ABC(クランポンポイント=デポキャンプ)到着後、ハーネスとヘルメットを身につけて出発態勢に入る。天候が悪化するなか、ザックを背負い、岩場を登り始める。雪が溶けて風景の変わったC1を通り越しC2ダイレクト。

C2のテントの入り口からK2が見える。引き返さず無理して登ってよかった。雲が消え、天気が一時的に回復してきている。17時頃には、寝袋に入った。

ブロードピーク(中国とパキスタンとの国境にある山、標高8047m)の頂上へと向かう1日目

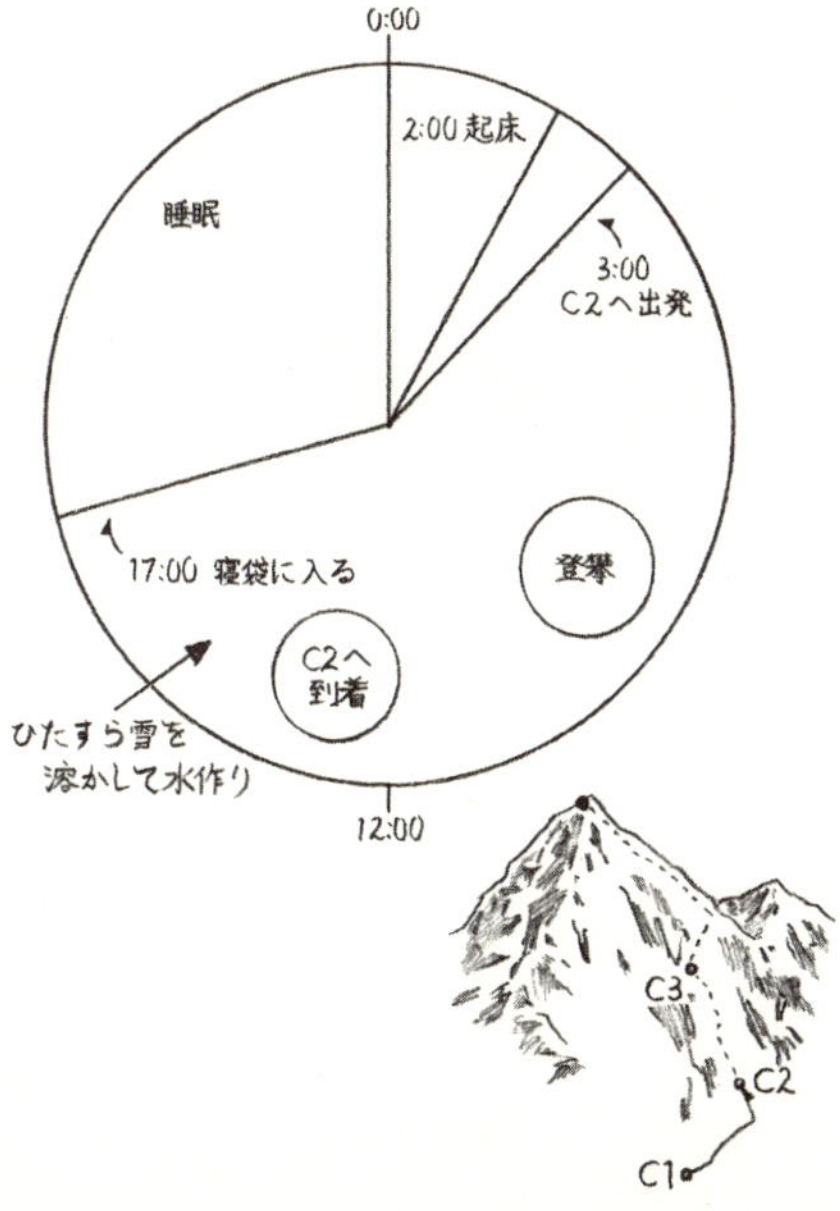

2015年7月27日 C2▼C3

5時半ごろ、C2を発ち、未見のC3、最終キャンプへ向かう。ブロードピークのC2からC3は技術的に難しい部分はないが、きつい。急な斜面がワンピッチどころか連続して続き、気持ちが折れそうになる。C3到着。C2から見る風景とそんなに変わらない。標高は7000メートル。いわしチップスにマヨネーズをつけて食べたり、なんとかスナイダーズだったか、酒のつまみによさそうなクラッカーみたいなものを食べた。今日までとっておいた白桃の缶詰は、死ぬほど美味かった。17時ごろ寝袋に入りつつも、時々起きてポカリスエットを飲む。夜までに、どうにか1リットル飲んだ。

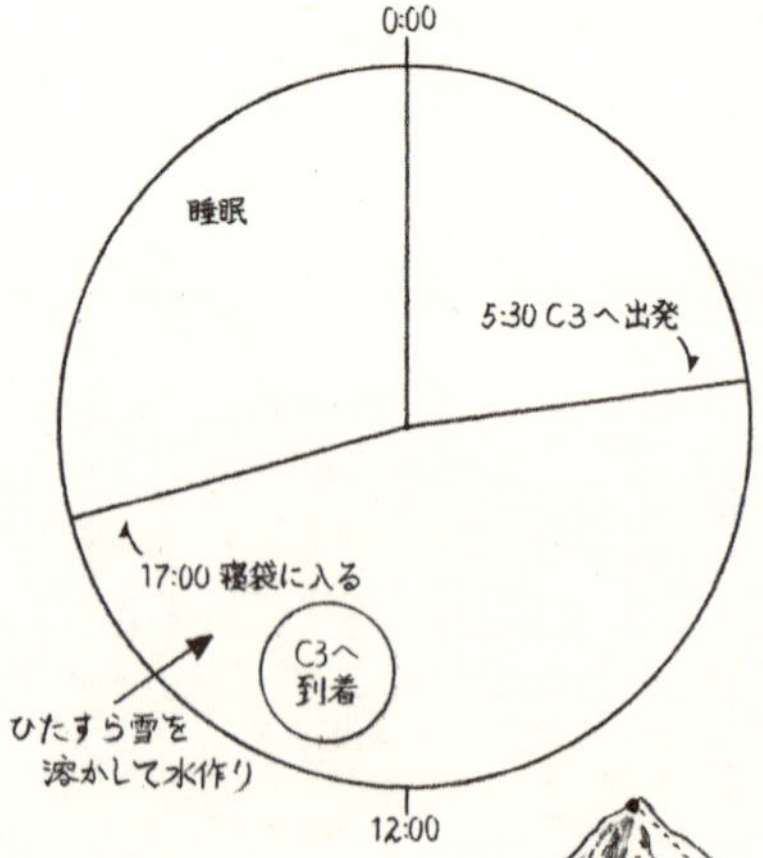

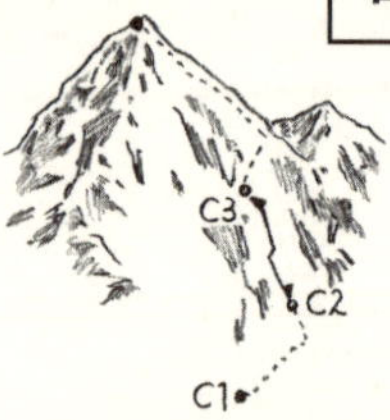

Column

ブロードピークの頂上へと向かう3日目

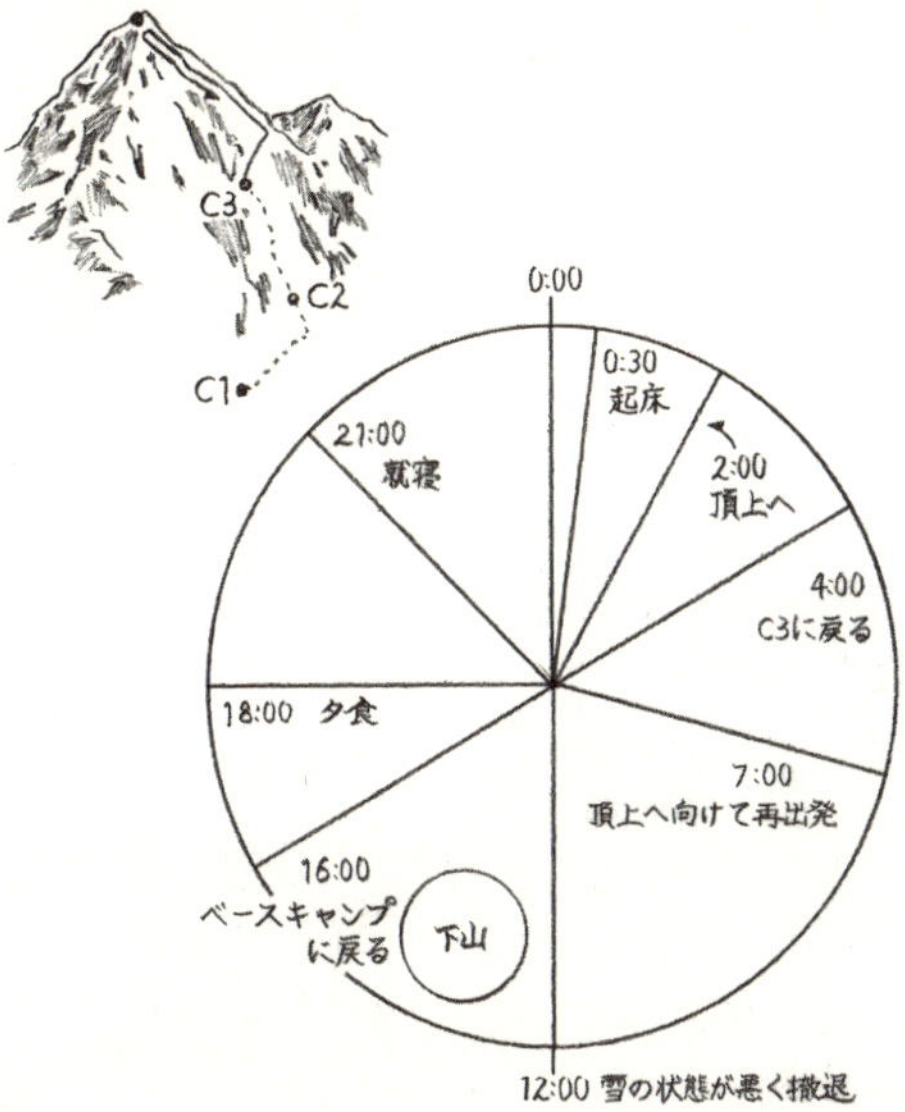

2015年7月28日 C3▼上部▼C3

0時半、起床。ガスストーブの火をつける。40分くらいかけてようやくお湯が沸騰し、それでおしるこを食べる。

2時ごろ、テントを出て、いよいよ頂上へ。雪が降っており、どんどん勢いが激しくなっていく。真っ暗闇の中の横殴りのスノーシャワーで、ホワイトアウト（雪や雲などによって視界が白一色となり、方向・高度・地形の起伏が識別不能となる現象）寸前。しかも、斜面は膝までの雪で、スピードがまったくあがらない。さらに突然クレバスがでてきたこともあって、先頭を歩いていたシェルパ、ウルケンの足が止まった。無線でラッセルと連絡を取りつつ、もう引き返さざるをえない、と決断するしかなかった。（やっぱり天気はよくならなかったか……）。これで撤退、ブロードピークも終了なのか。誰もがそう思った。C3のテントに戻り、アイゼンを靴から外し、ハーネスを脱ぎ、また寝袋に入った。

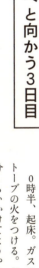

ナルジンボトル

NALGENEのボトル(左)1ℓ、(右)500mℓ、

ナルジンボトルと自分との繋がりは長くて深い。初めて出会ったのは1998年、大学生の頃だろうか。カナダのユーコン川を下るにあたって、バンクーバーのREIだったか、マウンテンイクイップメントだかで購入したのだ。バンクーバーには、良質の登山道具やアウトドア用品を売る店がいくつかあって、品揃えは上の二店が飛び抜けてよかった。ナルジンボトルは、こうした店に行くと必ず棚にズラズラと並べてあり、人々の需要が高いことをうかがわせる。

小学生の頃に使っていた水筒は、せんべいを大きくしたような円形のアレで、今はほとんど見かけない。途中から魔法瓶を使うようになったが、家にあった魔法瓶は大きくてかさばり、重かったので不便だった。後にテルモスを知ることになるのだが、それはまだまだ先の話だ。

ナルジンボトルは、日本だと「ナルゲンボトル」と読む人も多いようだが、外国人は「ナルジーン」と発音しており、ぼくはそれが身に染みついて、今もナルジンと呼んでいる。特徴は、まず軽い。口が大きい。蓋が開けやすく、閉めやすい。落としても割れず、頑丈である。容器が透明なので水の残量が一目でわかり、表面に目盛りがついているので、大まかではあるが計量もできる。などなど。

基本は1リットルの透明ボトルなのだが、今は500ミリリットルのものや、色がついているものもある。ロゴも昔と違って、シュッとしたものに変わってしまい、長年の愛用者にとっては少々寂しくもある。しかし、基本的なコンセプトは変わっていない。ボトルが半透明になろうが色が付こうが、中身の残量を確認できるし、目盛りも付いているし、素材も軽くて丈夫なままである。

ナルジンボトルはもちろん水筒なのだが、飲料水やジュースを入れるばかりでなく、もう一つ重要な役割をもっている。ピーボトルとしての使い道である。ピーというのは、すなわち小便のこと。尿瓶として使うわけだ。

北極でも南極でもヒマラヤでも、ぼくはナルジンボトルを小便ボトルとして使用した。こうした極地はとにかく寒い。特に高所は寒い上に、酸素が薄いし、足元も悪いので、テント内からできるだけ動きたくない。さらに、いちいち登山靴を脱ぎ履きするなどもってのほかである。テントを出入りすることは、体温を下げるばかりでなく、テント内の温度を下げてしまうし、足場の悪い場所に張ったテントでは、外に出ることさえままならない。

そんなときにナルジンボトルは本当に重宝する。慣れない頃は小便をこぼして地獄を見たこともあったが、今では手慣れたものである。いくつか技があり、基本は膝立ちションである。正座中腰ションと言い換えてもいい。テント内は当然立てるほどの高さがないので、座りショ

ンをせざるをえないのだが、あぐらをかいて用を足そうとすると、床までの距離が近すぎて、ナルジンの傾斜が足らずにこぼれ出てしまうことになる。だから、膝立ちをしなくてはならない。

上級になると、寝袋内横寝ションということもできるようになる。これも角度が厳しいのだが、横寝をすることによって微妙な傾斜を作り、うまい具合にすることは可能である。しかし、手元が暗いうえに、こぼれる危険性も高いので、普通はやらない。テント内に二人以上の人がいて寝返りもうてないくらいにギュウギュウのときや、女子がいて恥ずかしいとか、相手に小便をしているのを悟られたくないとか、そういう理由があるときに使うテクニックである。

果たして女子はテント内でどのように用を足しているのか。これはまったくもって謎である。風の噂によれば、ナルジンボトルで普通にやっている説、ナルジンは危険なので口の広い粉末ジュースの缶やピーナツバターの瓶などにしている説もあるが、詳細は知らないし、聞けない。ぼくは女子がいるテント内でピーボトルに用を足した経験もない。翻せば、人並みの羞恥心が捨てられない程度のぬるい場所にしか女子と一緒に行っていないということだろう。

ナルジンにまつわる最悪な思い出は、小便をこぼしたことなどではない。夜、ナルジン内に放出された小便が朝になって凍っており、ガスコンロで火を点けてお湯を沸かし、凍ったピーボトルを鍋の中で温めて自分の小便をひたすら溶かすこと。これこそが泣きたくなる作業の最高峰である。凍った自分の小便を溶かす。しかも大事なガスを使って、というところが視覚的にも精神的にもひどく惨めで、ダメージが大きかった。以来、使用済みのピーボトルは二度とテント内に放置することなく、大事に抱えて寝袋の中で一緒に寝るようにしている。それが最も安全であり、安心感がある。ナルジンの蓋はゆるむがことがなく、きちんと閉めれば決してこぼれることがない。だからこそ、小便と一緒に寝ても気にならないのである。

ネパールの首都、カトマンズのタメル地区にひしめいている登山用品店でもナルジンボトルは売られているが、あれを買うときは気を付けなくてはいけない。中国製のニセ物が混じっているからだ。というか、ほとんどがニセ物である。見分け方は底を見ればよい。底に字が刻まれているのがメイドインUSAのナルジンで、それ以外は中国製の粗悪品だと思ったほうがいい。安い値段につられて、偽ナルジンをピーボトルにして惨劇を起こすことのないよう、注意されたし。ちなみにぼくはそれを承知で中国製の偽ナルジンをピーボトルに使ったこともあるが、実際は全然こぼれなかった。ニセ物でも、ちょっと使う分には大丈夫ということだろう。

さすがに長年の使用には耐えられないかもしれないが。

1リットルボトルの愛好者だったが、最近は半分の500ミリリットルボトルを頻繁に使っている。沸騰させたお湯を入れてダウンの懐にそれをしまえば、カイロの代わりになって、エベレストやマナスルの頂上アタックの際には随分重宝した。1リットルボトルだと懐に入れるには大きすぎるのだ。ちなみに500ミリリットルボトルをピーボトルに使うとすぐに溢れるのでやめたほうがいい。

さらにナルジン社は畳めるソフトボトルも作っている。ピーボトルにはあれがいいと言って憚らない人も多いので、ぼくも試しに使ってみた。しかし、使い勝手はそんなによくなかった。畳めるので場所をとらないのはいいとしても、ふにゃふにゃしていて、蓋の部分を持つしかなく、安定しない。利点をあげるとすれば、小便の量が多い人用に2リットル袋も発売されていることくらいか。高所では1日に何リットルもの水分を補給しなければいけないので、小便の量も回数もそれに比例して多くなる。1リットルのナルジンを使っていても溢れてしまったという話はよく聞くので、そのあたりは自分の体と相談すべきだろう。ナルジンの話を書くつもりが、半分以上は小便の話になってしまった。しかしそれでこそのナルジンである。あらゆる水分に対応可能な、安価で信頼のおける万能ボトル、皆さんもぜひ試してみて下さい。

Nalgene bottle

トイレ

トイレ問題は、生きている限り、永遠につきまとうテーマである。以前、小便のことは書いたが、大便については書いていなかった。それは、ときと場合によって、いろいろなバリエーションがあるからだ。大便は小便ほど単純ではない。

外で大便をすることを、一般的に「野グソ」という。ぼくはこれまで世界中のさまざまな場所で野グソをしてきた。そのロケーションの豊富さと回数は、世界中の旅人を見渡しても、上位10人くらいには入るんじゃないかと思う。

20歳の頃、アラスカのユーコン川を一人で下ったときは、無人の浅瀬で川の水に尻を浸けな

Cleanwaste /
GO anywhere
toilet kit®

がら行った。この場合、天然のウォシュレットなので、紙はいらない。朝起きて、川に足を浸しながらしたときは最高の気分だった。今日も思いっきり川を下るぞ、という気持ちになる。ミクロネシアの島では、海で泳ぎながら、した。この場合「環境を汚すな」という批判は当てはまらない。島の人が全員そのように用を足しており、それより何よりトイレなど元からなかったからだ。正確に言えば、島の人は泳ぎながらというよりは、海に浸かりながら（温泉に浸かるような姿勢で）していた。

隆起珊瑚礁でできた島だったので、逆に陸地でウンコをしてしまうと、分解されずにハエの発生をまねいてしまう。村人の数もわずかなので、海の中でしたほうが圧倒的に清潔なのである。

ぼくは海の中で他人のウンコを見たし、自分のウンコを見たこともある。さらにそのウンコを小魚が食べているのも、間近で見たことがある。慣れていないときはふんばりが効かず、そして海流を読むこともままならずに自分のモノと遭遇してしまうことも多々あったが、慣れてくると波の力を利用して、自分とウンコの距離を即座に離すことができるようになった。

島ではふんどしで生活していたのだが、さらに高度なテクニックを身に付けると、そのふんどしを着けたまま、ちょっとだけふんどしをずらしてする、ということも可能になる。そもそもふんどし一丁で生活をする機会などほとんどないから、このテクニックは、あのとき以来まったく役に立っていないけれど。

寒冷地での野グソは厄介だ。北極でソリを引きながらスキーで旅していたときは、キャンプ地の前に専用の穴を掘って、していた。しかし、常にシロクマの存在に気を遣う必要があったのと、とにかく寒いので、数十秒で行為を終了しなければならなかった。

だから、テントを出てのそのそとズボンを下ろし……、などと悠長にはやっていられない。あらかじめ使う分だけのトイレットペーパーを切り離して畳んでポケットに入れ、テントを飛び出し、すぐに尻を出して、する。拭くのも念入りに何度も、というわけにはいかない。ちょちょい、という感じで行わなくてはならない。あのときの用足しに喜びはなかった。本来、用足しは軽いエクスタシーを伴うものだが、緊張感がそれを封じていたようだ。

トイレの道具といえば、トイレットペーパーを欠かすことはできないだろう。インドやネパールのように紙を使わずに水を使って尻をきれいにする文化の人たちは、北極などに遠征したときはどうするのだろう、と考えたことがある。ブータン人は、紙も水もないときは葉っぱを使い、葉っぱもないときは木の枝を使っていた。江戸時代の人もトイレットペーパーなどなかったわけで、木の枝を使っていたと聞く。岩や石があるところでは、それを使っている人もいた。ヒマラヤの上部キャンプには、あきらかにそれに使用したと思われる石が転がっているのを見たことがある。

しかし、葉っぱも木の枝も石ころも、尻拭きに使用するような余分な水などもないときはどうするのか。ぼくが導き出した結論はシンプルだ。「拭かない」ということである。そのような極限の環境にいる期間はわずかなので、尻を拭かなくても生きていける。犬も牛も、糞をした後、拭いていない。そのままだ。昔は人間もそうやって生きてきたのではないか。

一般的に標高6000メートルくらいが、人間が順応して暮らしていけるギリギリの高さだと言われている。そして、その高度には確かに石がある。それ以上を過ぎると氷の世界に入ってしまい、石ころさえも見当たらない。

また、グリーンランドの内陸氷床に人は暮らしていないが、沿岸部には人がいる。内陸部には尻を拭くためのものなど何もないのである。そう考えていくと、尻を拭くものがない場所と、人間が生きていけない場所は、完全に重なると思うのだ。人間は尻を拭かないと生きていけない動物で、それに使用するものがない場所には暮らしが根付かない。こじつけだろうか。多分こじつけだが、本当にそうなのだから仕方ない。

本論に戻すと、トイレットペーパーは極めて優れた道具だと言える。尻を拭く以外にも、鍋や皿をきれいにしたり、何にでも使える。ちなみに、ぼくは極地において、鼻をかむ際に紙を使わない。極度に乾燥しているので、紙を使い続けると鼻がただれるからである。紙を使わない代わりに、中国の人たちのように手鼻をかむ。これはだいぶうまくなった。

ともかく、トイレットペーパーを常備するのは当然として、最近はトイレキットを常備する登山隊が増えてきたが、今でも野グソは後を絶たず、大きな問題になっている。ちなみに、上部キャンプでの大便は、トイレキットの袋に入れて一晩おいておけば凍ってしまうので、そんなに汚いイメージはない。カチコチになった自分の大便をザックにぶら下げてベースキャンプに持ち帰り、処理すればいいのである。

このトイレキットは便利なもので、中には小さなトイレットペーパーとウェットティッシュと消臭する砂のようなものが入っており、一回で終わりではなく、極度に大きいものさえしなければ3回くらいまでの使用に耐える。本当に極限状態だとテントの中でもこのキットを使って用足しができるので、極地遠征では必需品だろう。

トイレ問題。それは個々人によって多種多様、大きく異なっていると思われる。ぼくが上に挙げたような用足し方法のほかに、さらにこんなのもあるよ、という人がいたら是非教えてほしい。

Column

ヒマラヤでのトイレ事情

ヒマラヤでみんなが野グソをしたら、地獄絵と化すのは目に見えている。だからベースキャンプでは、各隊によりトイレ専用のテントが建てられ、大便をするとそれが樽の中の袋に落ちるようになっている。その後、樽の中に大便がたまって規定の重さになると、人やヤクに運ばれて下の村まで持っていって処理されるのだ。

　ベースキャンプより上で、しかも比較的長く滞在する第2キャンプなどは一番ひどい。エベレストのネパール側ノーマルルートの第2キャンプ周辺をちょっと散歩すると、年代もののクソが散乱していて、オエッとなる。乾燥しているし、岩しかないので、土にまぎれて分解されるということがないのだ。周辺は足の踏み場もないと言ったら大袈裟かもしれないが、ちょっと暇つぶしに歩いただけで、必ず一つくらいは人糞に出会い、ゲンナリさせられる。ヘリコプターを使って第2キャンプ周辺のウンコを持って帰り、きれいにする計画があると聞いたことがあるが、もしそれが本当ならぜひやってほしい。

　そんな状況なので、今では野グソは禁止だ。無人の荒野ならともかく、人がいるところではトイレキットを使用し、然るべき処理をしたほうがいいですよ、とごくごく当たり前のことを言ってみる。

娯楽

数日間あるいは一週間程度の旅ならまだしも、三ヶ月月近いヒマラヤ遠征では、テント内で過ごす無為の時間がやたらと多くなる。遠征における日々の半分以上は天候待ちや高所順応に費やされるため、動いていない時間のほうが圧倒的に多いのだ。

そんなときは、まず本を読む。日本にいると読書の時間が削られて、読みたい本が読めないまま積み上げられるという、いわゆる「積読《つんどく》」スパイラルに陥る。長期遠征は日頃の鬱憤を晴らす格好の読書タイムを与えてくれる。が、紙の本を何冊も持っていくわけにはいかない。ヤクの背中に乗る荷物の重量も、ヘリコプターに乗せられる荷物の重量も明確に決まっており、余計な装備はまったく持っていけないのである。

ぼくは紙の本を読むのが好きで、紙の本を作るのが好きで、紙の本自体が好きだ。電子書籍なんてまっぴらごめんだぜ、と思い続けてきた。しかし、遠征ではそんなことは言っていられ

Amazone / Kindle Paperwhite

ない。ぼくはヒマラヤにやってくる多くの外国人に倣《なら》ってキンドルを導入した。

カラーではないキンドルを購入してよかったことは、漫画などのかさばる書物が一気にダウンロードできて、読めることである。文字の本は読み返すこともあるが、漫画はほとんど読み返すことはない。10巻20巻ある漫画はキンドルで一気に読めば、場所をとることもなくて嬉しい。K2では「ナニワ金融道」を全巻読み通した。俗世とかけ離れた大自然のなかで、俗世の極みとも言える「ナニワ金融道」を読むことは、心身をリフレッシュするために適切な方法であったと思う。

文字ものでは、太宰治の全著作をダウンロードしてひたすら読みふけった。青空文庫などで過去の名作をほぼ無料で読めることも電子書籍のよいところである。が、キンドルを読むのは、ぼくの場合ヒマラヤ遠征のときだけで、帰国してから国内で使ったことは一度もない。やはり本は紙で読みたいと思ってしまうのだ。

読書だけでは物足りないと感じるときもある。そのときは、ＤＶＤで映画やドラマを観る。ヒマラヤでＤＶＤなんて贅沢だな、と思うかもしれない。が、毎日山のことを考えていたら、長い遠征では気が滅入ってしまう。少なくともぼくはそうだ。過酷な現実を前にしているからこそ、ほんの少しだけ虚構の世界に逃避するだけで、随分と気持ちが楽になる。

「積読」と同じように、観よう観ようと思っていた映画が、どうしても忙しすぎて観ることができず、どんどんたまっていくという現実がある。そうした映画の山を切り崩せるのも、ヒマラヤ遠征のいいところだ。

ゴダール、ヴェンダース、小津、ベルトルッチ、ヘルツォークなどなどこれまでの全作品を観たいと思う映画監督は何人もいるが、なかなかそんな時間もない。やることがなさすぎて、無意味にピッケルで氷を掘ったりしているので、遠征中は、そんな映画たちを観るチャンスでもある。しかし、パソコンのところでも述べたように電源の問題があって、一気に観られる時間は限られている。寝る前に2時間の映画を毎日1本観るのが精いっぱいなのだが、それはそれで至福の時間なのである。

ＤＶＤプレーヤーは乱暴に扱って壊れてもいいように、中国製の安物を購入する。パカッと開くデスクトップタイプのものを選び、洗濯物などを干したりサングラスを引っ掛けたりするためにテントの天井につけたロープに、そのＤＶＤプレーヤーを引っ掛けて、寝ころびながら観られるようにする。

昼間はテント内が明るすぎて画面が見づらいのだが、夜はテント内が個人映画館のようになる。音はもちろんヘッドフォンから出るようにして、寝袋にくるまって目だけ出して、映画を観るのは最高に幸せだ。Ｋ２のベースキャンプで観たスコセッシの『タクシードライバー』、スピルバーグの『キャッチ・ミー・イフ・ユー・キャン』、最高でした。

というわけで、ヒマラヤ遠征で、自分に欠かせない娯楽と言えば、読書と映画なのである。キンドルとＤＶＤプレーヤーでフィクションの世界に浸ることは、厳しい環境で平静を保つための自分なりのサバイバル手段でもある。

食品

ぼくは舌が肥えていない。だから、「旅の楽しみは現地の食事！」みたいな雑誌の特集を見たりすると、うんざりする。巷ではおいしそうな料理の写真が人気だが、ぼくには理解できない。自分が食べられないものを見て、何が楽しいのだろうと思ってしまう。

ぼくにとって、食べることは生きることだ。食べることは身体を維持することであり、身体を変容させることでもある。死んだ動物や植物などを口から取り込んで、自分自身の一部にする。それによって、体重は減ったり増えたりするし、体の動きが鋭くなったり鈍くなったりする。その場所に合わせて身体を変容させ、エネルギーを生み出し、生きる活力を与えてくれる。

だから、量が少なくて悲しいと思ったことはあっても、味がまずくて悲しいと思ったことはほとんどない。基本、食べられるだけで幸せだと感じてしまうのだ。楽しむために食べるというよりも、明日への一歩を踏み出すために食べている。だから、味や見た目は二の次なのだ。

桃の缶詰

高級そうな果物の缶詰は昇天する美味しさ。

同じ物を食べ続けたら、あれを食べたい、これを食べたいという気持ちは人並みに湧き上がる。白いご飯のおむすびやお寿司やそばやうどんや天ぷらやすきやきを食べたいと思う。でも、おそらくそうした欲望は一時的なものであって、他の人以上にぼくは食に対して無頓着である。食は質より量だと思っている自分でも、標高6500メートルあたりを過ぎると、あらゆる欲望が希薄になり食欲も失せる。ただ、登り続けるためには是が非でも食べなくてはならず、そんなときに効果を発するのが、日本から持っていくゼリー飲料や缶詰の果物やお菓子類だった。果物の缶詰は甘い汁の最後の一滴まですすり、せんべいやおかきは一粒の粉も残さないで食べる。干し納豆やお汁粉やようかんもいい。食欲がなくなってカレーなどのヘビーな食べ物はのどを通らない一方で、秘蔵していた軽めの日本食が最後は効果を発揮する。

飲み物も同様で、粉末のスポーツ飲料や色のついた粉末ジュース、紅茶やインスタントコーヒーはベースキャンプでは飲めるのだが、6500メートル以上ではきつくなる。そんなときにごくごく飲めるのは、コーラなどの炭酸飲料である。カロリーも摂れて、水分も得られて、娑婆の味がする炭酸飲料は、サミットプッシュの日まで大切にとっておいて、ここぞというときに飲む。日本でコーラを飲むことはまずないのだが、ヒマラヤにおけるコーラは聖水のように感じられるのだ。

小物入れ

FORT McPHERSON
TENT & CANVAS
FORT McPHERSON NWT
XOE OJO
MADE IN
Canada's
Arctic
Northwest
Territories

Fort McPherson
Tent and Canvasの小物入れ

この真っ赤なキャンバス地の小物入れを、ぼくはとても気に入っている。2000年に北極から南極へ向かう長い旅の途上で購入したものだと思う。それ以来、ほぼどんな旅にも持っていったので、14年ものあいだ、共にハードな経験をしてきたことになる。

ロゴを見ていただければわかるが、「MADE IN Canada」ではなく、「MADE IN Canada's Arctic」となっている。単なるカナダではなくカナダ北極圏で生み出されたことをわざわざ大きく明示していることにプライドを感じずにはいられない。カナダ北極圏は言うまでもなく厳しい環境である。そんな過酷な場所から生み出されたタフなギアであることを誇りとする気概あふれるロゴで、ぼくは一目見て気に入ってしまった。

フォートマクファーソンは、カナダの北西準州の街で、先住民が多く住みついている。人口は約760人と少ないが、デンプスターハイウェイとピール川が交わる場所にあり、立派なスーパーもあるそうだ。

そんな街で、フォートマクファーソン・テント&キャンバス社は生まれた。最初は1970年代の政府主導の雇用推進プロジェクトが発端だったらしい。モカシン（平底靴）や伝統的な服を作っている先住民の知恵を取り入れ、地元の人々に使ってもらえるような耐久性があって実用的な商品作りを目指し、今も続いている。決して観光客向けというわけではなく、直売店でしか売っていないのかもしれない。

もともとはキャンバス地のテントを作っていて、ハンター、警察、軍関係、測量や地質学者など、専門家の使用にも堪えることを目的としていた。今でもキャンバス地のテントやティピー（移動用住居）、バックパックやダッフルバッグが生産されているが、ぼくはそうした商品を直《じか》に見たことはない。POLE TO POLEの旅でカナダを自転車で横断していた際、フォートマクファーソンかその郊外に突如として現れた売店のようなところでこの小物入れを発見してその場で購入したのだが、その店では大きめのバッグは売っていなかったように記憶している。

14年間使い続け、キャンバス内側の防水加工が剝がれてきたが、小物入れの外見はまったく変わっていない。鮮やかな赤も縫製も買った当時の状態が保たれていて、あらためて「メイド・イン・北極圏」の実力を感じる。

ぼくはこれに歯ブラシやひげ剃りなどの洗面用具を入れていて、目立つ存在ではないが、旅において必要不可欠なバッグとして、常にそばにある。機能に特化しているからこその飽きのこないシンプルなデザインで、旅の小さな相棒にふさわしい。

調べてみると、ヘラジカを用いたロゴはどうも変わってしまったものの、その職人魂と高い品質は昔と何ら変わっていないようだ。日本ではまったく手に入らない代物だが、いつかカナダの北西準州を旅したら、フォートマクファーソン・テント&キャンバスの製品を探してほしい。そこにあるのは消費するための「商品」ではなく、使い続けるための「道具」である。

保湿クリーム

つい最近まで保湿クリームというものを使ったことがなかった。化粧水とかいうものも同様に使ったことがなかった。だから、そういった顔に塗るものについて、ぼくはよく知らない。顔に塗るもので初めて知ったのは、日焼け止めである。その次に知ったのはリップクリーム。それらを知ったのは、雪山に行くようになったからだ。日焼け止めやリップクリームを塗らないで、かんかん照りの雪山に向かうと、顔が日焼けしてやけど状態になってしまう。だから、ぼくは顔に日焼け止めを塗るようになった。

20代後半のときだったろうか、資生堂の人に呼ばれてトークイベントをしたとき、話し終わった後の雑談中に、「石川さん、北極とか南極って紫外線が強いんだから、ちゃんとお肌のケアをしないと大変なことになりますよ」と女子社員に言われた。「日焼け止めを分厚く塗ってるから大丈夫ですよ」とぼくは自信満々に答えたのだが、彼女から、化粧水は？　保湿クリームは？　とたたみかけられて、困惑した覚えがある。そんなものは使ったことがなかったし使わなくていいと思っていたからだ。

しかし、最近になって、女子はそういうものを毎日ぺたぺたと塗っていることを知った。もちろんお化粧をするのは知っていたが、毎日朝晩そういう肌のお手入れをマメにしていることについて、ぼくは認識を新たにしたのだ。

旅をしていると、東京で吸う1年分の砂埃を1日で吸っているような気になることがある。例えば、インドの雑踏やバングラデシュのダウンタウン、あるいはペルーの道路などを歩くだけで、砂や埃まみれになる。アフガニスタンでバスとすれ違うときや、エベレス

KIEHL'S / ULTRA FACIAL CREAM

ト街道で荷物を運搬するヤクとすれ違うときも同様だ。濛々《もうもう》と砂が舞うなか、息を止め、薄目で歩く。息をしなければいけないときは必ず鼻で行う。しかしどうあがいても10分程度で、顔が石像みたいになる。ひどいときはパリパリに乾いて、ひび割れのようになってしまう。肌がひび割れるのではなく、顔を覆う砂の層がひび割れるのだ。そのくらい顔に砂が積もるのである。細かい砂が舞って、それを肺に吸い込んだ実感があるときは、帰国してすぐにコンニャクを食べるようにしている。昔、うちの母親が「コンニャクを食べると体の中の砂が出てくるのよ」と言っていたからである。

とにかく、そういった場所を旅すると肌が乾いていくので、ぼくはいつしか保湿クリームを持参するようになった。特にクリームを必要だと思うのは、ヒマラヤ登山の際のベースキャンプ生活である。ベースキャンプには、蛇口をひねればお湯が出るような設備はない。数日間、あるいは一週間ほどお風呂に入れないのは当たり前である。朝と夕方、シェルパが手渡してくれる熱いおしぼりで顔を拭くと、白いタオルが茶色に変色する。体の他の部分は防寒着に覆われているが、顔面だけは剝き出しなので、汚れるし、乾くのだ。

今は、知り合いにいただいた、キールズの保湿クリームと馬油《バーユ》を使っている。エベレストのベースキャンプ生活は暇なので、小さなテント内にある、あらゆる文字を読んで時間をつぶしたりする。カメラの説明書やテントに付いている注意書きやカイロの袋に付された説明書きなどである。そのとき、キールズの保湿クリームの入れ物に細かく書いてある英文も読んだ。そこには「このクリームはグリーンランド探検隊でも使われた」的なことが書いてあった。素晴らしいと思った。グリーンランドを探検した探検家たちも保湿クリームが必要だったのだ。やはり、ぼくにとっても保湿クリームは必要であり、このクリームを持ってきてよかったのだ。

ベースキャンプではおしぼりで顔を拭いた後、クリームをたっぷり塗って、さらなるハードな状況に備える。でも、時々クリームが凍り付いてかき氷のようになってしまうこともある。あれを手で温めるときは、ちょっと寂しい。ぼくはこんなものまで凍る世界にいる。そのことを思い知らされて、ちょっとだけ、寂しいのだ。

アロエジェル

奈良美智さんのマネージャー・はまちゃんにもらったアロエジェル。ベタベタしなくてとても使いやすい。山というよりは、旅で主に使用。

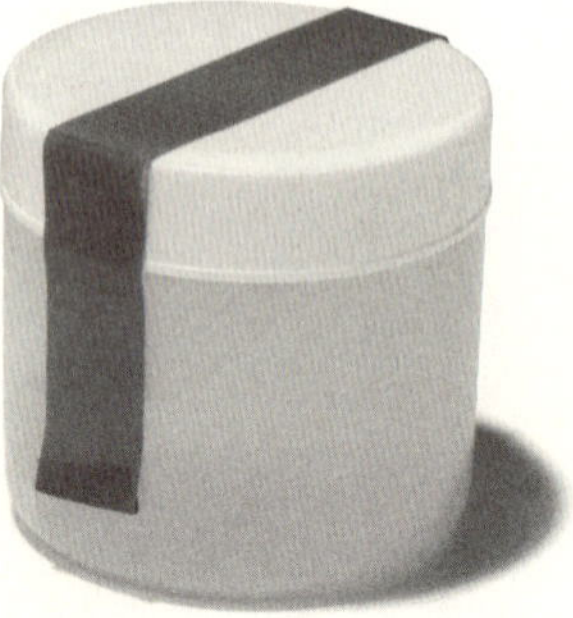

ソンバーユ

100パーセント馬の油から作られた皮膚を保護するクリーム。全身の乾燥した部分に使えて、山では特に顔に塗っていた。日焼けした肌を回復させてくれる力もあるんじゃないか。ぼくは馬が好きなこともあって気に入っている。

化粧水

フランスの自然派化粧品メーカー、LA ROCHE-POSAYの化粧水。スプレー式なので、手が汚いときでも使える。乾燥したテント内で気分転換として使用。

バラの香りの化粧水

無味乾燥なベースキャンプで良いにおいがすると、感動する。花のにおいがすると、幸せになる。特に森林限界を超えた高所で使うと娑婆を思い出していい。

リップクリーム

必ずSPFがはいった、日焼け止め効果のあるものを使う。口唇は日焼けと乾燥で真っ先にボロボロになるので要注意。鼻をかみすぎて鼻の下が荒れてきたときは、鼻にリップクリームを塗ることもある。

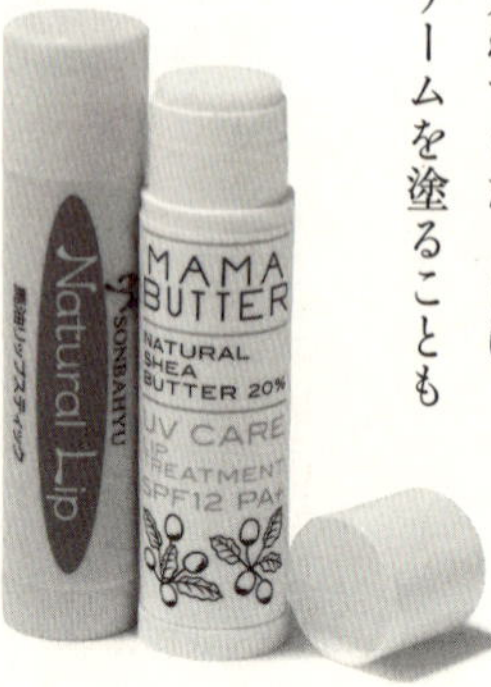

シャンプー

右はバニラのにおいがするボディシャンプー。左は自然派のシャンプー。寂寞としたベースキャンプでは、人工的な匂いが脳に効く。体もきれいになるし、気持ちもあらたまる。

固形石鹸

液状のボディソープはバッグの中で爆発してたまに大惨事になるので、固形石鹸を持っていく。これは馬油石鹸。面倒なときは、身体も洗濯もシャンプーもすべて固形石鹸で洗うこともある。

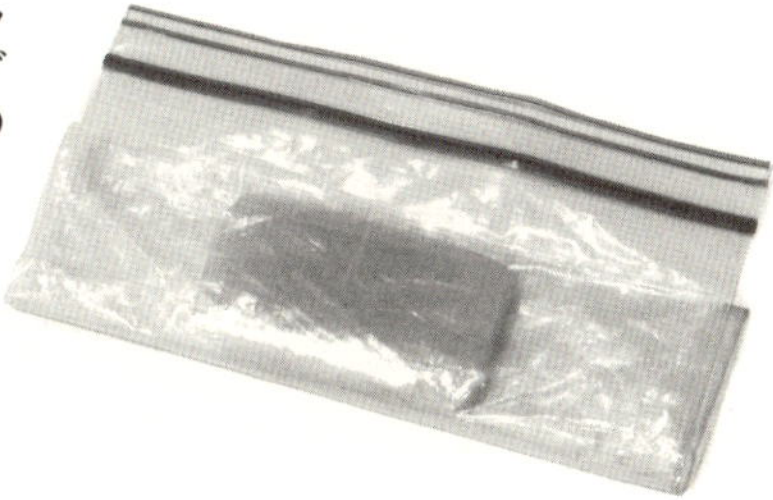

日焼け止め

日焼け止めは必ず多めに持っていく。雪焼けをなめるとひどい目に遭う。これは化粧水と同じＬＡＲＯＣＨＥ－ＰＯＳＡＹの日焼け止め。フランス製。

鏡

テント内のロープにひっかけて使う。自分の顔のむくみ具合、日焼け、舌や口の状態（ビタミン不足で口内炎ができやすい）、ひげの生え具合などをチェックする。顔は健康のバロメーターだから、毎朝ちゃんと顔を見る。自分の顔を見るのは大切なことだ。古代の人が鏡を神聖視していた意味がわかる気がする。

ハサミ

裁縫セットについてくるような小さいハサミ。ナイフももちろん持っているけど、ハサミはすごく使いやすい文明の利器だということをつくづく感じる。ひげを切ったりする以外にも日々のあらゆる場面で使用。ハサミって素晴らしい。

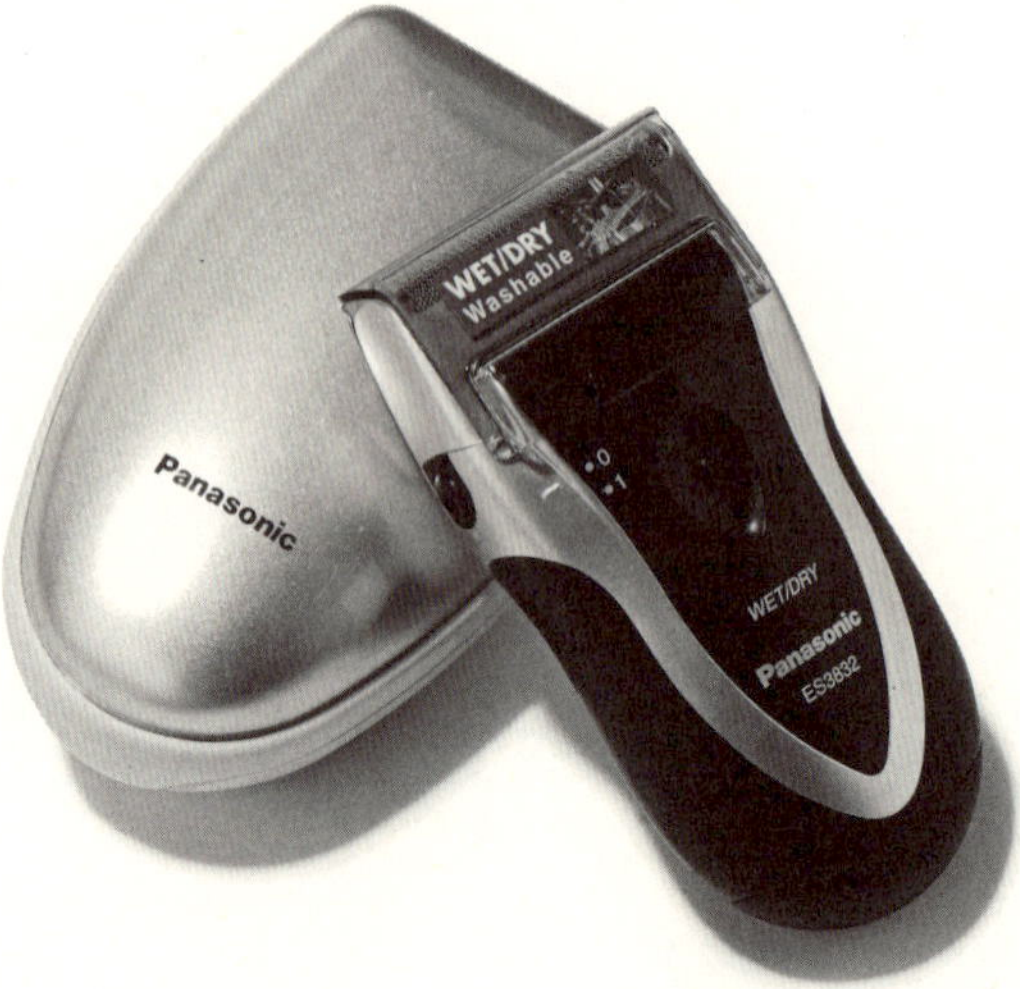

ひげ剃り

ひげを生やしているほうが山男っぽいかもしれないが、そんなのは幻想だ。もじゃもじゃになったときに剃ると、気分が一新される。毎日ではないが、4〜5日に一度は剃るようにしている。仲間の外国人は山でも毎日剃っていた。人間らしい生活を忘れたくないのかもしれない。

ホッカイロ

上のほうでしか使わない。標高が低くても寒いときには使いたいのだが、そんなにたくさんは持っていかないので節約する。登頂時には腹部に貼り付けて体を温めるのはもちろん、胸のあたりに貼り付けて胸ポケットにいれたカメラ用電池を温めたりもする。小さくても12時間はもつので、どんな山でも最終キャンプから頂上までは温かさをキープできるはず。

サプリメント

基本的に持っていくのは、チョコラBB、アリナミンC、パブロン、ビタミンC、下痢止め、そしてダイアモックス（高所順応を促進する薬）。下痢止めは健康な状態でも頂上アタック前には必ず飲む。頂上付近では排泄が難しいので、できるだけウンコをしたくならないように心がけている。

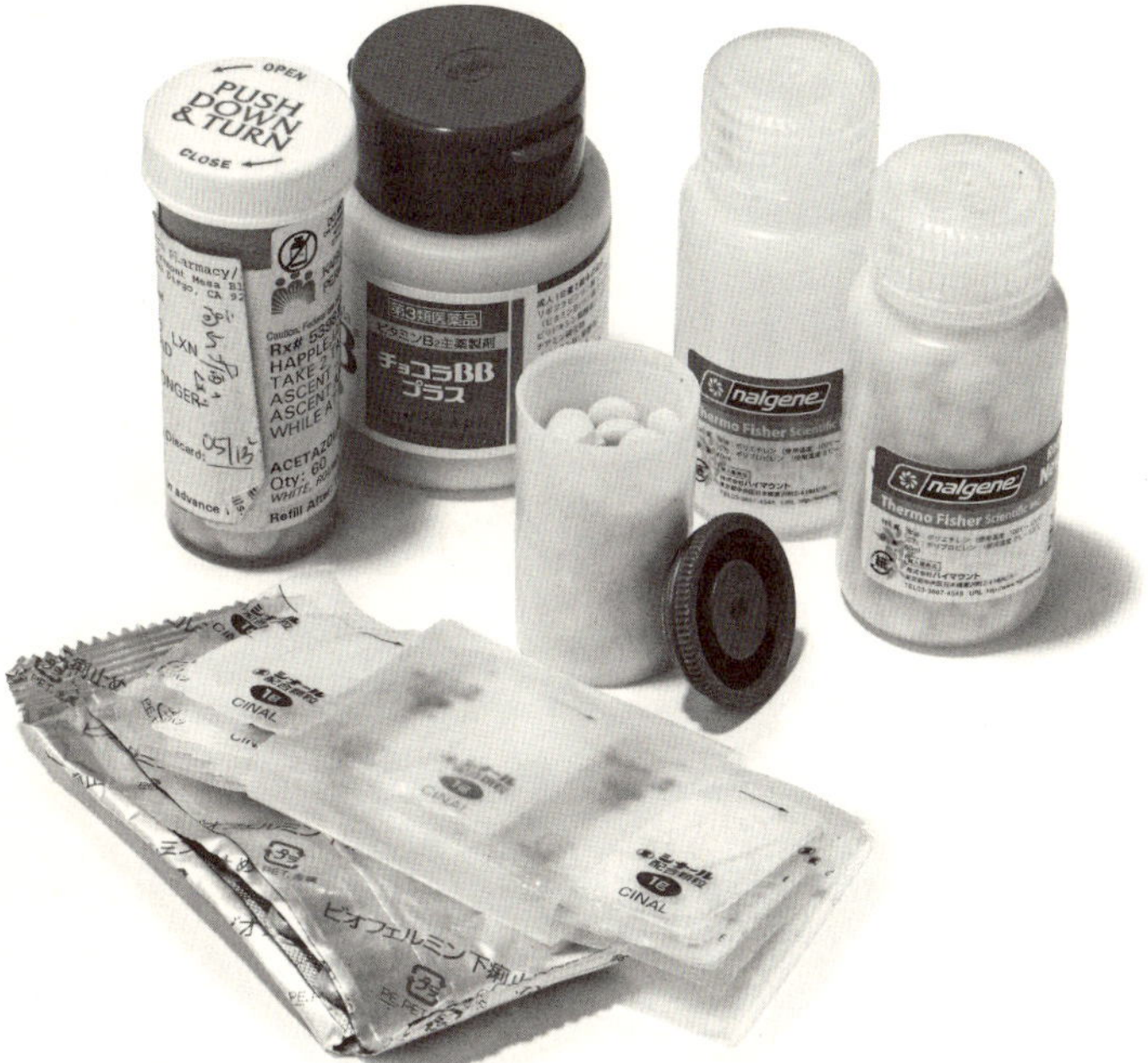
OPEN
PUSH DOWN & TURN
CLOSE
第3類医薬品
チョコラBB
プラス
nalgene
Thermo Fisher
CINAL
ビオフェルミン下痢止

冬《とう》虫《ちゅう》夏《か》草《そう》

滋養強壮の効果がある。高所では血の巡りが悪くなり全身冷え性のような状態になるので、こうした漢方で血流をよくしようと心がけている。気のせいかもしれないが、よく効いていると思われる。この冬虫夏草は音楽家の大友良英さんから餞別としていただいたもの。血行をよくすることは特に高所では重要で、外国人はそのためにバイアグラを携帯する人も。

靴ずれ用絆創膏

どんなに慣れた靴でも、靴ずれやマメができることがある。ときにはそんな小さなことが登頂の足かせになるので要注意。

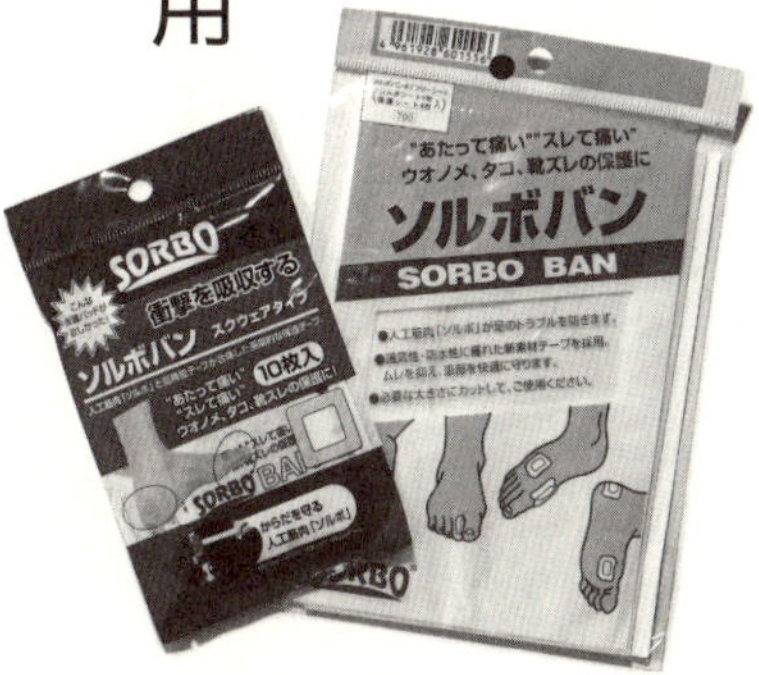

のど飴

風邪をひいていなくても山で細かい砂塵《さじん》を吸い続けると咳が泊まらなくなる。咳止めとしての役割もある。

除菌・消臭スプレー

なんでも消毒できて便利。におい消しにもなるから、汗臭くなったシャツなど、臭いものにかけると除菌プラス消臭ができる。どうでもいいとはいえ、やっぱり臭いよりは臭くないほうがいい。

アルコール消毒

傷口にも使えるアルコール消毒液。スプレー式で直接吹き付けられるものがいい。トイレの便座や手が汚いときもこれで消毒。

マスク

トレッキング中は砂埃が激しいから、マスクがあると助かる。登山中は、口から何か入るのを防ぐというより、とにかく鼻の穴が乾燥するので、雪の中でもマスクをしながら登っていた。

歯ブラシ

山で虫歯になると取り返しがつかないので、日本にいる以上に歯磨きをする。歯医者さんはもちろんいないし、虫歯で撤退なんて恥ずかしいからきちんと磨きたい。

Pack Towl / ウルトラライト・Sサイズ

タオル

本当はふかふかのタオルを持って行きたいけどそんな贅沢は言っていられないので、パックタオルの非常に薄くて軽い速乾タオルを1枚だけ持って行く。吸収力があって、絞るだけでほぼ乾いた状態に戻る。サイズは一番小さいものを使用。

ガムテープとマッキー

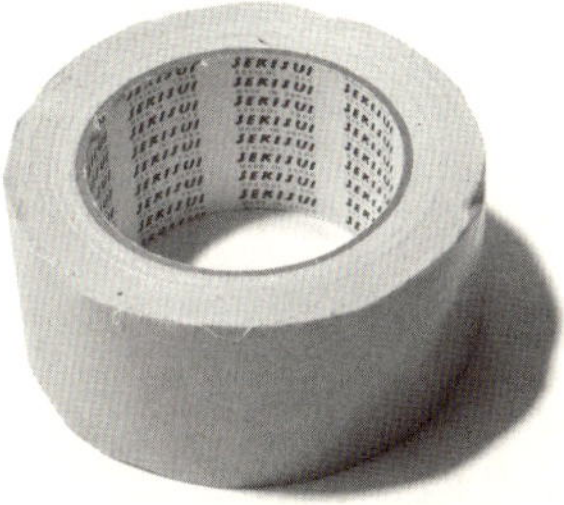

ドラムバッグに、自分のものとわかるようガムテープにマッキーで名前を書いて貼り付けておいたり、荷物の重さをメモ代わりに書いて貼っておくこともある。テントの中に埃が溜まったときにはガムテープで掃除もできる。日本でガムテープと言えば段ボールみたいな色が定番だが、外国では銀や白や黄色などが使われていて、ちょっとだけ「オッ」となる。

K2ベースキャンプ（標高5100メートル）とK2。左奥に見える小屋はトイレ。

ぼくが2ヶ月滞在したテント。寝袋を干しています。

K2、南南東リブルートの第3キャンプ（標高7050メートル）が見えたところ。山のように見えているのは通称K2のショルダー（肩）。

ブロードピークの第3キャンプ（標高7050メートル）。テントを組み立てているシェルパたち。ここから頂上に向かう。

ブロードピークの第2キャンプ（標高6400メートル）。すでに撤退した他の隊が残していった食料が散乱していたので、食べられそうなものは食べた。

下山し、アスコーレ村に戻ってきて、使わなかった食料品などを子供たちにあげた。子供たちはそのお礼に、小さな刺繍と水晶をぼくにくれた。

あとがき

自分が使っている道具のことを書き連ねてきたが、これだけは自分に必要と思われる最小限の道具は何かと考えたとき、ほんの数点に絞られる。10代から現在に至る20年間の旅で、一度も欠かさなかったのは、バックパックとカメラとフィルムだけだ。服や靴は環境に合わせて変わるし、現地で買い求めることができる。が、道具を入れるバックパックとカメラとフィルムは、常に肌身離さず持っている必需品であり、それがないとまず旅が始められない。

「バックパッカー」という言葉は確かに旅人のことを的確に言い表していると思う。旅は手ぶらではできない。必ずバックパックを必要とする。そのバックパックの中に何を入れるかは、その人それぞれのこだわりがあるだろうが、ぼくの場合はカメラとフィルムということになる。逆に言えば、それ以外はなくてもなんとかなる。おそらく、それはこれからも変わらない。

2015年夏のK2遠征から帰国した直後、ぼくは「山ロス」とも言うべき状態に陥って、しばらくは何もやる気がなくなってしまった。この本の話は随分前から進んでいて、本当はもっと前に出版する予定だった。平凡社のウエブサイトでの連載も回を重ねてある程度まとまっており、あとは自分が少し書き足せばまとめられたにもかかわらず、刊行がのびのびになってしまい、K2直後の山ロスも手伝って、この時期の刊行と相成った。

この本は、多くの人の手によって生まれた。イラストを描いてくれた竹田嘉文さん、道具の撮影をしてくれた山本智さん、最初から最後まで本全体のアートディレクションに携わってくれた渋井史生さん、産休を挟みながらも辛抱強くつきあってくれた平凡社の佐藤暁子さん、そして何より、この本の構想を練り、大幅に執筆が遅れたぼくの尻を叩き続けてくれた臼井悠さんには心から感謝している。彼ら彼女らがいなければ、この本が世に出ることはなかっただろう。

ぼくはこの本に登場する道具を携えて、もう一度K２に行くことができるのだろうか。普通の旅だったらいざしらず、少なからず生死を賭した遠征だったからこそ、道具に関しても精査を重ねた。いつしかこれらの道具が古びた過去のものになったとしても、本書に掲載された道具と同じレベルのものがあればヒマラヤの８０００メートル峰にも行けるんだ、と胸を張って紹介したい。２０１５年末の時点において、ぼくがフィールドで使ってきたベストな道具たちが10年後や20年後の世界で果たしてどれだけ進歩するのか、あるいは変わらないのか、それも楽しみである。

全ての装備を知恵に置き換える努力をしつつ、自分にとって必要不可欠な道具だけをもって、未知の荒野を歩こう。道具に縛られるのではなく、道具によって自由になる。そんな旅を、これからも続けていきたいと思っている。

2015年12月

石川直樹

石川直樹

1977年東京都生まれ。写真家。東京芸術大学大学院美術研究科博士後期課程修了。人類学、民俗学などの領域に関心を持ち、辺境から都市まであらゆる場所を旅しながら、作品を発表し続けている。『NEW DIMENSION』（赤々舎）、『POLAR』（リトルモア）により、日本写真協会新人賞、講談社出版文化賞。『CORONA』（青土社）により土門拳賞を受賞。著書に、開高健ノンフィクション賞を受賞した『最後の冒険家』（集英社）ほか多数。また、ヒマラヤの8000m峰に焦点をあてた写真集シリーズ『Lhotse』『Qomolangma』『Manaslu』『Makalu』『K2』（SLANT）を5冊連続刊行。最新刊に『SAKHALIN』（アマナ）、『潟と里山』（青土社）がある。

これまでのヒマラヤ遠征

2001春　エベレスト（8848m）※チベット側より ▲SUMMIT!
2011春　エベレスト（8848m）※ネパール側より ▲SUMMIT!
2012春　ローツェ（8516m）
2012秋　マナスル（8163m）▲SUMMIT!
2013春　ローツェ（8516m）▲SUMMIT!
2013秋　アマダブラム（6856m）
2014春　マカルー（8463m）▲SUMMIT!
2015夏　K2（8611m）＋ブロード・ピーク（8047m）

Naoki Ishikawa

ぼくの道具

2016年1月20日　初版第1刷発行
2017年8月26日　初版第2刷発行

著者　石川直樹

発行者　下中美都
発行所　株式会社平凡社
〒101-0051
東京都千代田区神田神保町3-29
電話　03-3230-6584（編集）
03-3230-6573（営業）
振替　00180-0-29639
ホームページ　http://www.heibonsha.co.jp/
印刷・製本　大日本印刷株式会社

表紙――世界で二番目に高い山、K2（標高8611メートル）。

編集　臼井悠
デザイン　渋井史生（PANKEY）
道具写真　山本智　宮島径（P30、P35、P43、P132、P149、P188、P198、P222）
イラスト　竹田嘉文
協力　株式会社Nature Tech

ISBN 978-4-582-83697-4 C0095
NDC分類番号915.6
四六変型判（18.2cm）　総ページ240

※本書は、平凡社ウェブマガジン「ウェブ平凡」
2013年11月21日より2014年9月12日まで連載された「ぼくの道具」に、
加筆・修正し、新たな記事を追加して構成したものです。

表3――K2に向かう途中、バルトロ氷河手前のキャンプ。